OMAYRA FONT

Parteras de~ sueños

CASA
CREACIÓN
Para vivir la Palabra

Para vivir la Palabra

MANTÉNGANSE ALERTA;
PERMANEZCAN FIRMES EN LA FE;
SEAN VALIENTES Y FUERTES.
—1 CORINTIOS 16:13 (NVI)

Partera de sueños por Omayra Font
Publicado por Casa Creación
Miami, Florida
www.casacreacion.com
©2011-2023 Derechos reservados

Library of Congress Control Number: 2011923453
ISBN: 978-1-61638-117-2
E-book ISBN: 978-1-61638-336-7

Desarrollo editorial: *Grupo Nivel Uno, Inc.*
Adaptación de diseño interior y portada: *Grupo Nivel Uno, Inc.*

Impreso en Colombia

23 24 25 26 LBS 9 8 7 6 5 4 3 2 1

Dedicatoria

Dedico este libro a mi madre, Ana Luisa Rosario, quien como tantas mujeres, se ha encargado de ser instrumento de Dios para llevar a otros a alcanzar su destino, y cuyo ejemplo de dedicación, amor y esfuerzo es un alto estándar a seguir.

Índice

Agradecimientos

A mis amadas parteras… Mis dos suegras, Magali y abuelita Noemí, quienes han sido una ayuda incalculable en la crianza de mis hijas, y prepararon a Otoniel para ser todo lo que es hoy. Nunca nos han dejado solos.

Mis hermanas Brenda y Lily, con quienes he compartido los mejores y los peores momentos de mi vida.

Mis cuñadas Suri, Miry y Joydi.

Mis amigas Shirley, Loly, Maggie, Myriam, Frances, Yolaine, Verónica y Mariela.

A todas las que han trabajado bien de cerca con nosotros en el ministerio durante tantos años, en especial a Rachel, Linette, Elsie, Yolanda, Sulanet, Rosita, Mayra, Johanna, Zenaida, Ginalee, Melissa, Evelyn, Iris, Damaris, Brenda, Griselle, Sharon, Vaneska y Marylou.

A las parteras de este libro: la Lcda. Ruth Pizarro, quien luego de escuchar esta enseñanza me inspiró a que se imprimiera para bendecir a otras mujeres y me dio esa primera chispa para darlo a luz; a Shirley y Ofelia, quienes me ayudaron a darle forma y estructura para transmitir cada pensamiento efectivamente; y a Loly, quien, con su creatividad, hace que todo luzca mejor.

A las que sirven en el ministerio como líderes, con quienes comparto el camino hacia cumplir el llamado de Dios: Juanita Cercone de González, Sonia Luna, María Gracia, Marta Gómez, Norma Ortiz y Mari Carmen Chang.

A todas las que han invertido su tiempo para sembrar en el ministerio, a quienes no puedo mencionar porque son demasiadas. A todas las que han participado en nuestro ministerio *New Millennium Women*. A todas las que han abierto puertas para mi vida y las que las han cerrado también.

A todas esas mujeres, quienes, muchas veces en el anonimato y sin conocer los frutos de su amor, esfuerzo y dedicación, día a día realizan labores ordinarias para bendecir a gente ordinaria y hacerlos extraordinarios.

Introducción

Desde el 1994, el Señor me dio la oportunidad de compartir mi vida con un gran hombre: el pastor Otoniel Font. Durante todos estos años, ambos hemos servido a tiempo completo en el ministerio, tanto en la iglesia local, como visitando ministerios en Estados Unidos y América Latina, y ministrando a través de los medios de comunicación.

En este camino, me he cruzado con grandes mujeres dignas de admiración, realizando labores impresionantes. Igual he tenido la oportunidad de ministrarles a mujeres con recursos muy limitados y grandes necesidades. Sin embargo, me atrevo a decir que en todas he visto más cosas en común que las que podemos percibir a simple vista.

Aunque parecen muy opuestas las mujeres de las que te hablo, en las miradas de ambos grupos he visto deseos de superación, genuino interés para cumplir su propósito en el plan divino, y fuerzas para sobrellevar cargas, no importa cuán pesadas sean. Ninguna mujer está exenta de problemas y, no importa cuáles sean sus capacidades, todas en algún momento hemos sentido frustración, cansancio y desesperanza.

Esto ocurre, principalmente, por falta de conocimiento. Muchas veces las mujeres tratamos de llevar solas unas cargas demasiado pesadas. La falta de revelación en cuanto a nuestro propósito original nos lleva a tomar decisiones y a adoptar posiciones que van en contra del mismo.

Las mujeres tenemos una naturaleza muy especial que nos fue entregada en la creación. Todas guardamos un lugar especial en el corazón de Dios porque fuimos creadas con grandes capacidades y propósito divino. Fue la manifestación de la mujer lo que completó la obra creadora de Dios.

Quiero compartir en este libro algunos de los principios que Dios ha depositado en mí para sembrar en el corazón de tantas mujeres que necesitan aliento y que se sienten perdidas, sin una clara definición de su propósito.

Capítulo 1

Ayuda idónea, ayuda única

Ayuda idónea, ayuda única

Conocí muy de cerca a una pareja que constantemente compartía la romántica historia de cómo sus vidas se encontraron. Se conocían desde niños y por las vueltas que da la vida estuvieron más de una década sin saber uno del otro. Al encontrarse ya de adultos, fue amor a primera vista. Pocos meses después, estaban casados. Otra década más tarde, luego de muchos retos, sacrificios, altas y bajas, estaban divorciados. Al escucharlos contar su historia de amor en sus primeros años de matrimonio, ambos compartían con gozo tiernas miradas y muchas sonrisas, cada detalle romántico, cada momento de encuentro, cada incidente que los unió. Jamás hubiera pensado que tendrían tan triste final.

Tengo que reconocer que me tomó por sorpresa cuando aquella mujer, con lágrimas en sus ojos, me dijo que se divorciaría. Simplemente no sabía qué decirle. Me era tan poco congruente conocer una historia de amor tan bonita, y no sabía cómo se había tornado en una historia de decepciones con un triste final. Lo que comenzó tan hermoso terminó en pedazos. Sin embargo, cuando se juraron amor eterno en el altar, nunca pasó por sus mentes ese final para su historia.

Esta historia no es diferente a las de miles de parejas que comienzan una relación con esperanza, confianza e ilusión, pero desafortunadamente terminan en separación, desacuerdos y confusión. En cerca de dos décadas que hemos pastoreado mi esposo Otoniel y yo, hemos visto jurarse amor eterno en el altar a cientos de parejas, al mismo tiempo que tristemente hemos visto separarse algunas decenas.

Como ministros de la Palabra de Dios, estamos conscientes de que no hay problema matrimonial que no pueda tener solución. De hecho, ambos estamos cien por ciento a favor del matrimonio. En las cientos de consejerías matrimoniales que hemos brindado durante todos estos años, siempre tratamos por todos los medios de buscar soluciones, acuerdos y ayuda adicional para aquellos que tienen el corazón correcto y desean restaurar sus relaciones. Lamentablemente, no siempre vemos personas dispuestas a cumplir con los compromisos que hicieron a su pareja en el altar, ante Dios y ante los hombres.

Actualmente, las tasas de divorcio son alarmantes. Tal parece que el trabajo que hacemos tantas parejas ministeriales a favor del matrimonio al atender nuestras ovejas y vivir vidas de testimonios, no es suficiente para contrarrestar la triste realidad que el mundo enfrenta en cuanto al matrimonio se refiere. Se asume que el 50% de los matrimonios terminará en divorcio. Sin embargo, al analizar las verdaderas estadísticas, recibimos mayor revelación. Las estadísticas dicen que el 50% de los matrimonios de aquellos que se casan por primera vez termina en divorcio. El 67% de los que se casan por segunda vez también termina divorciado. Y más alarmante aún, el 74% de los que se casan por tercera vez termina en divorcio.

A mí me cuesta trabajo pensar que alguien se case con intenciones de divorciarse. Cuando una pareja está frente al altar, no está pensando en el momento de la separación, que triste y ciertamente les llegará a muchos. Está pensando en todo lo contrario. Desde el compromiso hasta el momento de jurarse amor eterno frente a sus familiares y amigos, me atrevo a decir que la gran mayoría está haciendo planes de vida. Imaginan con ilusión los años que tienen por delante, confiando en que aunque haya tropiezos, el amor que los ha unido pueda luchar contra el mundo entero y vencer. Todo matrimonio en sus comienzos lucha para no ser parte de estas tristes estadísticas.

Me cuesta aún más trabajo pensar que el que se casa por segunda y tercera vez tiene más probabilidades de fracasar en su matrimonio, ya que entiendo que al darse una segunda y hasta una tercera oportunidad debe estar en busca de todo lo contrario. Si debe ser triste pasar por una primera experiencia de divorcio, más triste es pensar que aquellos que se dan una segunda y hasta tercera oportunidad tienen las estadísticas en su contra, al pronosticarse mayores probabilidades de fracaso. Es decir, que mientras más lo intenten, mayor probabilidad hay de un triste desenlace.

Pero el matrimonio no es lo único que se comienza con esperanza y planes de victoria, y tiene posibilidades de finalizar completamente diferente. Esto sucede en los estudios, las profesiones, los negocios y tantas otras áreas. Muchas decisiones se toman con una intención específica, con alguna visión clara, y a medida que pasa el tiempo, esa intención y visión van cambiando hasta quedar nulas.

Un ejemplo es aquel que invierte tiempo y miles de dólares en estudiar una profesión, y termina desempeñándose laboralmente en un área muy diferente, sin relevancia a su plan original. Tuve la oportunidad de conocer a una mujer que tenía una maestría en educación. Su deseo era enseñar a niños en la escuela elemental, pero ocupaba un alto puesto en el área de ventas en una compañía de comunicaciones. Igualmente, en uno de los negocios de mis padres, trabajaba una cajera que poseía un bachillerato en biología marina. Así mismo sucede en todas las empresas habidas y por haber: personas con preparaciones académicas muy distantes de las labores que desempeñan.

Igualmente sucede con las empresas. Muchos, en su deseo de ser empresarios, comienzan trabajando en aquello que tienen experiencia o estudios. Sin embargo, luego de conocer otras industrias, relacionarse profesionalmente, viajar, hacer estudios de mercado, cambian totalmente sus iniciativas empresariales y las dirigen a otras áreas que en muchas ocasiones están totalmente opuestas a su primer negocio.

Estos cambios que suceden con el tiempo son normales. Estamos acostumbrados a experimentarlos y verlos en otras personas, y aún en nuestras propias vidas. Sin embargo, no les prestamos la atención que se merecen para analizarlos y aprender de dichas experiencias.

La realidad es que en todas las esferas de nuestra vida nos encontramos ante matrimonios, empresas, trabajos, familias y hasta ministerios, cuyas intenciones originales resultan muy diferentes a su estado actual. Por eso es que a la hora de analizar y dejar atrás un fracaso, cambio o transición en cualquier área de nuestras vidas, debemos volver al principio, es decir, a su plan original. No es la tarea más agradable del mundo, pero cuando analizamos los comienzos de aquello que hoy podemos diagnosticar como un cambio en nuestras vidas, te darás cuenta de que en el camino, se ha transformado muchas veces ese plan original, para bien o para mal.

Para una mujer poder entender su lugar correcto con Dios, debe analizar ese principio de la mujer en Génesis, el cual está lleno de propósito, sabiduría y revelación para toda aquella que verdaderamente desee cumplir con su objetivo divino de vida. Veamos por un momento el principio y la intención original que Dios tiene para la mujer.

Génesis 2:18-25 nos dice:

"Y dijo Jehová Dios: No es bueno que el hombre esté solo; le haré ayuda idónea para él. Jehová Dios formó, pues, de la tierra toda bestia del campo, y toda ave de los cielos, y las trajo a Adán para que viese cómo las había de llamar; y todo

*lo que Adán llamó a los animales vivientes, ese
es su nombre. Y puso Adán nombre a toda bestia
y ave de los cielos y a todo ganado del campo;
mas para Adán no se halló ayuda idónea para él.
Entonces Jehová Dios hizo caer sueño profundo
sobre Adán, y mientras éste dormía, tomó una de
sus costillas, y cerró la carne en su lugar. Y de la
costilla que Jehová Dios tomó del hombre, hizo
una mujer, y la trajo al hombre. Dijo entonces
Adán: Esto es ahora hueso de mis huesos y carne
de mi carne; ésta será llamada Varona, porque del
varón fue tomada. Por tanto, dejará el hombre
a su padre y a su madre, y se unirá a su mujer, y
serán una sola carne. Y estaban ambos desnudos,
Adán y su mujer, y no se avergonzaban".*

Esta Escritura encierra mucha revelación en cuanto al momento en que la mujer fue manifestada.

Primero, tenemos que tener muy claro el contexto en el cual se desarrolla este pasaje. Se desarrolla en el huerto del Edén. El Edén era el paraíso, un lugar deleitoso, perfecto. Sólo puedo imaginarme la hermosura de aquellos paisajes con grandes y frondosos árboles, montañas, hermosos ríos y lagos. Debe haber sido maravilloso respirar las fragancias deliciosas que de seguro emanaban de las plantas, las flores y el fruto de toda aquella vegetación. Poder apreciar los colores de aquellos paisajes debe haber sido inspirador. No tengo la menor duda de que debe haber sido agradable a los ojos; de seguro mucho más agradable que los exóticos paisajes que podemos ver hoy día en los lugares más exclusivos y cuidados del mundo.

El Edén también representa un estado de inocencia, bendición y felicidad. La característica más grande del Edén es que estaba libre de pecado. Antes del pecado, en el Edén no había conciencia de maldición. Conocemos que prácticamente todo lo que estaba al alcance de la mano de Adán y Eva era bueno, y todo lo que se podía apreciar era bueno a la vista. Todo alimento era bueno para comer, excepto aquel que Dios había establecido que no debían comer: el fruto del árbol de la ciencia del bien y el mal.

En este huerto, no había tristeza, sentido de pérdida, lamentación, arrepentimiento. Era un lugar perfecto para que el hombre y la mujer habitaran en armonía con Dios. No había contaminación moral en aquel lugar, no había pensamientos adulterados, no había acciones incorrectas. Todo era perfecto.

Y en medio de aquella majestuosa creación, vemos en el verso 18 a Dios hacer un alto inesperado, una observación que ha pasado desapercibida ante muchos que han leído esta historia. Jehová Dios dijo: "No es bueno que el hombre esté solo". ¿Sería posible que entre tanta maravilla hubiera algo que no fuera bueno? Puedes imaginarte toda la creación de Dios en marcha. Cada detalle de la creación de Dios trabajaba en su máxima expresión, a su mayor capacidad, en un nivel de perfección hoy desconocido para el hombre. En medio de todo, Dios hizo un alto para observar lo único con lo que no estuvo satisfecho de su creación: faltaba una compañía para el hombre.

No estaba bien que el hombre estuviera solo. Inmediatamente, Dios se mueve a llenar la necesidad del hombre de tener una compañía, y lo hace creando una "ayuda idónea". Esta frase famosa en las iglesias se utiliza para atar a la mujer. "Ayuda idónea" no representa una sirvienta, empleada doméstica o criada. Por supuesto que no hay nada de malo en que una mujer cubra las necesidades de su hogar, y mucho menos que otras ganen su sustento realizando importantes tareas como la limpieza del hogar, planchar, barrer y mapear los pisos. Pero el significado de "ayuda" en este contexto no es ése.

"Ayuda" es una palabra que Dios utiliza para hablar de sí mismo. El contexto en el cual se utiliza esta palabra significa "el que suple las necesidades". Cuando Dios decidió darle mujer a Adán, dijo que sería para él "ayuda idónea". Lo que hizo fue poner a su lado a alguien diferente a él que tuviera la capacidad de hacer aquello que él no podía hacer por sí solo. El hombre y la mujer son partes de una misma entidad que pueden vivir por separado, pero cuyo potencial es maximizado cuando aprenden a vivir juntos, en armonía, complementándose de acuerdo al plan divino. Las diferencias entre el hombre y la mujer son importantísimas para cumplir el propósito de Dios de ambos porque son esas diferencias las que van a permitir que se complementen el uno al otro, y ambos llenen sus necesidades y estén satisfechos.

La necesidad de satisfacer el sentido de soledad que tenía el hombre se llenó con "una mujer". No se llenó con un grupo de amigos, no se llenó con trabajo, ni tampoco con "mujeres". Lamentablemente, hoy día vemos hombres tratando de llenar el vacío y la soledad en sus vidas con las cosas equivocadas. Y cuando vemos hombres que no tienen una mujer a su lado y sienten este vacío, lo podemos entender. Pero cuando vemos a hombres que están casados y aún así tienen ese vacío en su vida, entonces sabemos que definitivamente algo no está bien en esa relación. Así como en el Edén, Dios llenó la necesidad del hombre con una mujer, el hombre de nuestro siglo también puede llenar su vida al encontrar una mujer.

No puedo dejar de resaltar el hecho de que en el plan original de Dios estaba que la unión entre un hombre y una mujer existiera para la eternidad. Conozco el contexto del tiempo en que vivimos. Sin embargo, quiero ser lo suficientemente valiente como para resaltar la necesidad que tenemos de darle el valor que se merecen la monogamia, la fidelidad y el compromiso. Desafortunadamente, la infidelidad y la falta de compromiso se han tomado como algo muy casual en las parejas. Muchos dicen: "No funcionó con esta persona, tiene que haber alguien más para mí". Ese "alguien" que muchos buscan fuera de sus relaciones, ya está a su lado. Sólo falta un verdadero recordatorio de aquello que los unió y la fuerza con la que se unieron ante Dios y los hombres, para poner todo el plan original en marcha y vivir de acuerdo al destino de Dios para sus vidas.

"Esa mujer" que llenó ese espacio tan importante en la vida de Adán no era cualquier mujer. Era la mujer asignada por Dios para él. He aquí el detalle que hace una gran diferencia. No se trata solamente de encontrar pareja. Se trata de darle a Dios la oportunidad de identificar esa pareja para nosotros. En una pareja, es muy importante que ambos sepan que han sido asignados por Dios el uno para el otro. Lamentablemente, a la hora de escoger pareja, muchos se fijan en cualidades que no necesariamente incluyen la más importante de todas: si Dios aprueba a esta persona en mi vida, si Dios la ha asignado a mí.

De hecho, Dios se encargó de que el mismo Adán viera su propia necesidad. Cuando le asignó trabajar en el campo y ponerles nombres a los animales, Adán veía, por ejemplo, al león acompañado de una leona, al mono con la mona, al perro con la perra. En medio de cumplir con una de sus asignaciones divinas, creo que Dios quería hacer del hombre un líder, y depositó en él la capacidad de nombrar con autoridad. Al mismo tiempo, el propio hombre pudo ver que había algo que él no tenía. Todos los animales de la creación estaban acompañados, complementados y en armonía con otro ser que aunque semejante a ellos, era diferente. Sin embargo, el hombre estaba solo.

La falta de compañía, carencia de relaciones y ausencia de interacción crean múltiples consecuencias negativas en las vidas de muchos que sencillamente no saben ni están preparados para enfrentar la soledad. Muchos hombres se hunden en el pesar, la melancolía, el pecado y la depresión por falta de una compañía. Aunque no puedo adjudicar-lo como un dato científico, he podido ver que luego de la ausencia de una compañera, ya sea por divorcio o viudez, los hombres generalmente suelen conseguir pareja mucho más rápido que las mujeres. De hecho, he visto muchos viu-dos casarse con una rapidez que hasta crea incomodidad en sus familias, ya que no entienden cómo pueden sustituir tan rápido a sus compañeras. Sin embargo, no veo que volver a casarse sea símbolo de que han sobrevivido a la falta de su pareja, sino todo lo contrario. Muchas veces es la falta de esa pareja la que los lleva a buscar en otra persona todo lo que está ausente y les hace falta desesperadamente.

La Biblia nos dice que Dios hizo caer al hombre en un sueño profundo, tomó su costilla y creó una mujer que era "hueso de sus huesos" y "carne de su carne". En realidad, en el original dice que tomó "de su lado". Por eso había hue-so y carne en aquella formación de Dios. No era otra cosa sino un pedazo de hombre, lo cual constituía a la mujer de la misma esencia del hombre.

Y cuando vemos estos primeros capítulos de la Biblia, nos damos cuenta de que la mujer tiene una particularidad y una gran diferencia en cuanto al hombre. Para el hombre existe un solo relato de su creación. Pero en el caso de la mujer, vemos cómo hay un relato para su creación y otro separado para su manifestación.

"Entonces dijo Dios: Hagamos al hombre a nuestra imagen, conforme a nuestra semejanza;

y señoree en los peces del mar, en las aves de los cielos, en las bestias, en toda la tierra, y en todo animal que se arrastra sobre la tierra.

Y creó Dios al hombre a su imagen, a imagen de Dios lo creó; varón y hembra los creó. Y los bendijo Dios, y les dijo: Fructificad y multiplicaos; llenad la tierra, y sojuzgadla, y señoread en los peces del mar, en las aves de los cielos, y en todas las bestias que se mueven sobre la tierra".

—GÉNESIS 1:26-28

Es decir, que antes de que la mujer fuera manifestada, vemos a Dios introduciendo a la mujer como parte de su plan divino. La mujer fue creada junto al hombre y luego manifestada. Es importante aclarar que en Génesis 2, lo que está es la manifestación de la creación de la mujer. La creación de la mujer está en Génesis 1:26-28, cuando se creó al hombre. Fíjate cómo en el verso 27 claramente dice que Dios creó "varón y hembra". Dios creó un hombre que, siendo uno solo, llevaba dentro de sí aquella mujer que habría de ser manifestada más adelante. Esas palabras "varón y hembra los creó" nos confirman que la mujer no fue un "Plan B" de Dios cuando vio que el hombre se encontraba solo y buscaba compañía. Esta frase nos demuestra que antes de que el hombre sintiera la necesidad de tener su propia ayuda idónea, ya Dios en su infinita sabiduría había hecho provisión para la misma. La mujer siempre fue parte del plan original de Dios.

En el momento divino de la manifestación de la mujer en el capítulo 2 del libro de Génesis, Dios claramente le dio la instrucción al hombre de unirse a su mujer. Puede parecer altamente irónico que en el momento que físicamente los separa, le dice que se unan. Cuando la mujer fue creada, estaba dentro de Adán. Al ser manifestada, físicamente se separó de Adán, pero espiritualmente Dios los unió al darle al hombre la instrucción de que se uniera a ella, dejando aún a su padre y a su madre. Aunque eran dos físicamente, todavía eran uno espiritualmente.

Este detalle es de suma importancia. Dios no hizo al hombre y a la mujer para que anduvieran cada uno por su lado. Su propósito divino estaba mejor manifestado en esa unión en la que nadie debía interferir. Esa unión fue la que Dios estableció desde el principio. Para que nada se interpusiera en ella, todo se dejaría atrás, incluyendo padre y madre.

Y éste es un detalle que todo matrimonio debe tener en cuenta. Al analizar las estadísticas que estudiamos al principio, nos hacen mayor sentido. Al existir un matrimonio, siempre existe una unión divina y espiritual. El compromiso que hacemos ante Dios, nuestros familiares y testigos no se rompe porque haya una separación en el mundo natural, diferencias "irreconciliables" como le llaman, o simplemente porque haya otra persona de por medio. Vimos cómo los segundos y terceros matrimonios tienen mayores probabilidades de fracaso. Una de las razones es porque tenemos que entender que esa unión previa está ahí, y aunque legalmente haya documentos y ordenanzas judiciales que digan que hay una separación, lo que Dios unió, el hombre no lo va a separar.

Desafortunadamente, vemos hombres y mujeres pasando de unión en unión sin darse cuenta de que con cada uno de esos compromisos, su vida se complica más. Con cada uno de esos pactos divinos que hacen con sus nuevas parejas, no eliminan la unión espiritual que hay con las parejas anteriores, que se adquiere no solamente al hacer un compromiso en un altar, sino más bien al compartir intimidad de pareja.

Una de las razones por las cuales debemos procurar la abstinencia sexual antes del matrimonio es precisamente porque la intimidad representa una unión espiritual también. No es algo que se deba tomar simplemente como un momento de placer y ya. Varios psicólogos concuerdan en que la necesidad de unión íntima de una pareja se basa en el sentimiento de separación que sienten cuando no están juntos. Ese mismo sentimiento de soledad que tuvo Adán en el Edén, provoca en hombres y mujeres el deseo de unión aún hoy día.

Muchos alegan que la necesidad de intimidad entre un hombre y una mujer es física, para excusar su falta de responsabilidad ante su compromiso espiritual, pasando de pareja en pareja. Cuando entendemos que la necesidad de intimidad entre un hombre y una mujer es espiritual, podemos entender por qué las relaciones entre hombres y mujeres adultos son tan complicadas.

Verdaderamente necesitamos una intervención divina antes de tomar la decisión de compartir en la intimidad, y más aún, de compartir nuestra vida con otra persona. Es necesario que a la hora de escoger una pareja se haga de acuerdo al plan divino y no a base de nuestras emociones o por las presiones que recibamos.

Dios mismo debe darnos convicción de nuestra elección. Pero ese nivel de compromiso debe existir en ambos hombre y mujer, con la misma intensidad y conciencia. Ese nivel de compromiso no es algo que deba existir solamente en uno de ellos. Todo matrimonio que se une bajo ese compromiso con Dios, y sobre todo, con esa clara conciencia, podrá sobrepasar cualquier situación en el mundo natural, impedir la entrada de terceras personas a interrumpir el plan de Dios, y vivir juntos una larga vida con testimonio, cumpliendo el propósito espiritual de esa unión divina.

La creación de la mujer tuvo un propósito muy específico. Primero, Dios quería eliminar el problema de soledad del hombre. Esto nos indica que la mujer fue hecha para estar en compañía, para establecer y desarrollar relaciones. No me refiero únicamente a una relación matrimonial. La orientación de la mujer siempre está muy dirigida a las relaciones que tiene a su alrededor, entiéndase su familia, amistades, compañeros de trabajo, miembros de la iglesia.

No sé si te has fijado en esta característica innata de la mujer. Es raro ver a una mujer que no tenga familia ni amistades, ni que se mueva en círculos donde haya otras personas con quienes tenga una relación cercana. Nuevamente, no estoy hablando del matrimonio solamente. Vemos mujeres que aunque no se hayan casado, su relación con sus padres es muy cercana. Hay otras que aunque no hayan tenido el don de ser madres, establecen lazos maternos con sus sobrinos o los hijos de sus amistades. Conozco muchas tías que hablan de sus sobrinos como si fueran sus hijos. Los logros de ellos son sus logros, y en su corazón son como si fueran hijos.

Además de aliviar la soledad del hombre, Dios quería llenar el vacío de Adán antes de que él lo sintiera. Aquel pedazo tomado del hombre, manifestado externamente en forma de mujer, se encargaría de cumplir el propósito espiritual que Dios había depositado en ella. Sería la ayuda idónea del varón que, sin saberlo, tenía dentro de sí la respuesta a su soledad. El propósito de esa mujer al ser constituida ayuda idónea sería muy especial, porque vendría a completar y llenar el vacío de aquel que se sentía incompleto y solo. Ella se encargaría de que el propósito de Adán no se viera detenido ni fuera limitado, sino continuara la manifestación de lo que Dios había depositado en ambos cuando fueron creados juntos, en esa unión divina que vimos en Génesis 1.

Cuando Adán estaba en el Edén, todas las cosas eran perfectas. La creación de Dios era perfecta. En aquel momento, Dios había dicho que todo era bueno, excepto el hombre, a quien describió con mayor agrado en comparación con el resto de la creación, al llamarle "bueno en gran manera" (Génesis 1:31).

La manifestación de la mujer vino a consecuencia de la falta que tenía la creación de que saliera a la luz aquel ser que durante esos siete días de la creación era simplemente una posibilidad. Quizás tú no te has dado cuenta del valor que tiene que Dios haya manifestado a la mujer, que lo haya hecho para llenar una necesidad, y que haya depositado en ella el propósito divino de funcionar como ayuda idónea. Al momento de su manifestación, Dios le dio la oportunidad a la mujer de que llenara un espacio que estaba vacío.

Quiero llamar tu atención a un detalle muy importante. Ese momento en que el hombre se encontraba solo y había un vacío en él, es el único momento en la historia de la humanidad que el hombre tuvo una relación perfecta con Dios.

Dios mismo plantó un Edén para ese ser que le traía tanta satisfacción. Para ese hombre, Dios había creado plantas, árboles con frutos deliciosos a la vista y buenos para comer, hermosos ríos, además de todas las bestias del campo, de las aguas y las aves. Toda la creación estaba ahí y Dios puso al hombre en medio de ella para que disfrutara de todo mientras tenía una relación perfecta con Él.

Pero aún en medio de tantas maravillas, ese hombre llegó a sentir un vacío que necesitaba ser llenado. Ni siquiera esa relación perfecta con Dios pudo llenar el vacío que la mujer vino a llenar al ser manifestada.

El hombre representa lo que Dios ha creado y formado de la tierra. El valor que Dios ha depositado en la mujer esta íntimamente ligado a la representación del hombre en la tierra. En la perfección de la creación del Edén, no había un ser que llenara el espacio que la mujer habría de llenar. Cuando Dios sacó a aquella mujer del interior del hombre, sacó a alguien que venía a esta tierra a llenar una necesidad que nada ni nadie había podido llenar. Esta mujer venía a completar lo que Dios había creado y formado, es decir, al hombre, a la vez que completaba la misma creación. La mujer fue creada para estar unida a lo que Dios había formado y creado.

Es necesario entender que este principio de unidad de la mujer con lo creado y formado por Dios, desata dos grandes poderes: el poder del acuerdo y el poder de la matemática divina. Toda mujer debe estar consciente de estos poderes para que pueda manifestar todo el potencial que Dios ha depositado en ella.

El primero es el poder del acuerdo. Mateo 18:19 nos dice:

"Otra vez os digo, que si dos de vosotros se pusieren de acuerdo en la tierra acerca de cualquiera cosa que pidieren, les será hecho por mi Padre que está en los cielos."

Todo lo que se pide en acuerdo es desatado, tanto en la tierra como en los cielos. El poder del acuerdo se alcanza cuando tenemos una conciencia de unidad y no de separación. Tenemos tantos ejemplos de desacuerdo y desunión delante de nosotros con funestos resultados, que no podemos dejar de reconocer el poder positivo que hay en vivir en acuerdo. Las guerras que ha experimentado nuestro planeta, las noticias más escalofriantes, los momentos más tristes de nuestra historia, en su mayoría han sido causados por desacuerdos.

Pero en la unidad hay acuerdo y en el acuerdo hay unidad. Esta Escritura no nos habla sólo de acuerdo entre hombre y mujer. El poder del acuerdo va mucho más allá. Habla del acuerdo entre dos porque fuimos creados para vivir en unidad. Eso es lo que vemos en la creación: la unidad de un Edén, el hombre y su creador.

La matemática divina es el segundo poder que desata el principio de la unidad en el que opera la mujer. Esto se ve ilustrado en la siguiente porción de la Palabra. Deuteronomio 32:30 nos dice:

> *"¿Cómo podría perseguir uno a mil, Y dos hacer huir a diez mil,*
> *Si su Roca no los hubiese vendido, Y Jehová no los hubiera entregado?".*

Y esa misma pregunta tenemos que hacernos nosotras al entender el poder de la unidad. La lógica nos dice que si uno hace huir a mil, dos harán huir a dos mil. Sin embargo, la matemática de Dios no opera como multiplicación simple; opera de manera exponencial. Por medio del poder de la unidad en nuestras relaciones, Jehová no solamente nos va a entregar a nuestros enemigos, sino que va a hacerlo masivamente.

Eso requiere mucho análisis de parte de la mujer. Hemos sentido como una carga ese título de ayuda idónea. Hemos pensado que lo único que eso trae es responsabilidad sobre nuestra vida, cuando lo que trae es un valor especial, un propósito exclusivo que Dios puso en cada mujer, que va acompañado de grandes poderes. La creación no estuvo completa hasta que la mujer fue manifestada.

Como ya mencionamos, en el principio la mujer fue creada para las relaciones. Es por eso que el ataque del enemigo contra la mujer muchas veces se dirige a afectar sus relaciones. El pecado destruyó las dos relaciones más importantes que tenía la mujer: su relación con Dios y su relación con su marido. En ese momento, todavía Eva no había dado a luz hijos y ya sabemos que cuando llegaran, se iban a encontrar con la separación entre el hombre y la mujer, y con la separación entre el hombre y Dios.

En los años que he pastoreado, al atender a miles de personas en consejería, he visto el mismo patrón una y otra vez: la mujer en situaciones difíciles, luchando por las relaciones, no tan sólo matrimoniales, si no familiares, profesionales y con amistades.

En mi vida personal puedo dar testimonio de eso. Cuando he sentido que el enemigo se ha levantado contra mí, muchas veces el ataque va dirigido específicamente a traer división en mi matrimonio, desacuerdo con mi familia o simplemente malos entendidos en mis relaciones con compañeros de trabajo o amistades.

Nunca olvidaré cuando en el año 2007, la profetisa Cindy Jacobs trajo una palabra profética sobre Otoniel y sobre mí, diciendo: "Han tratado de atacar las relaciones". No tan sólo se refería a nuestra relación matrimonial, sino a nuestras relaciones con personas importantes en nuestras vidas, como ministros y familiares. Y en efecto, cuando Otoniel y yo lo analizamos más tarde, los enemigos que se habían levantado y atacado nuestra vida en ese momento, todo lo que buscaban era traer separación de relaciones estratégicas en nuestras vidas. Separados hubiésemos estado expuestos. Unidos, en acuerdo y cumpliendo con nuestro propósito en Dios, no hay enemigo que se levante en contra nuestra, que no sea avergonzado. Y hoy puedo dar fiel testimonio de eso.

De ninguna manera pretendo implicar que para una mujer cumplir su propósito necesita estar casada. Sí es importante entender que toda mujer tiene relaciones importantes en su vida y que la mayoría va a ser con hombres, que no necesariamente son esposos. Puede ser un hijo, padre, líder espiritual o familiar. El orden correcto de tus relaciones, cuando alcanzas con sabiduría su desarrollo divino, te acerca al propósito de Dios en tu vida.

Piensa por un momento y analiza los grandes retos que has tenido que superar. Probablemente también puedes identificar que el verdadero ataque ha sido contra tus relaciones. Atacando las relaciones de las mujeres, el enemigo se asegura de sacar a la mujer de su propósito, dejando al hombre sin ayuda y a la mujer, herida. El potencial de la mujer, de acuerdo al plan original, se ve maximizado cuando está en el ambiente para el cual fue creada, que es en función a lo creado y formado por Dios. Al enemigo atacar esta área de la vida de la mujer, la saca de su plan original y su potencial se ve afectado.

Como mujer, debes cuidar esta área tan sensitiva en tu vida. Tus relaciones son importantes para ti porque Dios te creó con un propósito en la vida de cada una de esas personas para quienes has sido asignada. Levántate como una enviada de Dios y no permitas que ningún enemigo interfiera con tus relaciones.

Capítulo 2

¿Bendecida o maldecida?

¿Bendecida o maldecida?

No es un secreto que las mujeres hacemos múltiples tareas a la misma vez. Hemos demostrado una inmensa capacidad para administrar un hogar, ser madres, ser esposas y tener una carrera profesional, todo al mismo tiempo. Sencillamente, los científicos han definido a la mujer como un ser multifacético. Hacemos muchas tareas a la vez y cumplimos con infinidad de roles. A través de la historia, la mujer ha demostrado trabajar más allá de sus fuerzas, gracias a las capacidades que Dios puso en nosotras.

Los científicos han hecho descubrimientos sumamente interesantes en este aspecto. Por ejemplo, en estudios de Imágenes de Resonancia Magnética (MRI), se encontró que la mujer tiene el área donde se conectan los hemisferios derecho e izquierdo del cerebro, más ancha que el hombre.[*] Esta pequeña diferencia explica por qué la mujer aparenta tener una mayor capacidad de manejar e intercambiar la información de un hemisferio a otro. He aquí una de las

---

[*] Dato obtenido del libro *The Female Brain* de la Dra. Louann Brizendine, publicado en el año 2006 por Morgan Road Books, una división de Random House.

principales pruebas científicas que sustenta la teoría de que la mujer puede hacer más de una cosa al mismo tiempo.

Estas múltiples capacidades y la facilidad para trabajar con más de una tarea o destreza al mismo tiempo, yo las reconozco como un privilegio. No obstante, sé que muchas mujeres sienten que llevan una pesada carga. El sentir que nadie en el hogar puede hacer lo que ellas hacen, que llevan solas la carga de mantener sus matrimonios y la crianza de sus hijos, puede traducirse en la realización de tareas diarias demasiado demandantes y desgastantes. He aquí por qué muchas mujeres sienten que la carga las hace maldecidas, en vez de bendecidas, como en verdad son.

Las situaciones se nos convierten en difíciles y frustrantes porque se nos olvida lo que en un principio nos llevó hasta allí. Veamos Génesis 3:1-3:

> *"Pero la serpiente era astuta, más que todos los animales del campo que Jehová Dios había hecho; la cual dijo a la mujer: ¿Conque Dios os ha dicho: No comáis de todo árbol del huerto? Y la mujer respondió a la serpiente: Del fruto de los árboles del huerto podemos comer; pero del fruto del árbol que está en medio del huerto dijo Dios: No comeréis de él, ni le tocaréis, para que no muráis".*

La serpiente prefirió abordar a Eva para detener el plan divino, tanto para el hombre como para la mujer. Cuando vemos el momento en que Adán recibió la instrucción de parte de Dios, todavía la mujer no estaba manifestada. Es decir: la instrucción la recibió Adán. La misma fue:

"...del árbol de la ciencia del bien y del mal no comerás".

—GÉNESIS 2:17

En ningún momento Dios dijo que no le tocaran. Sin embargo, cuando Eva le habla a la serpiente, dice: "No le podemos comer ni tocar". Se refiere así, como si ésta hubiera sido la instrucción que Dios le había dicho al hombre. La instrucción de no tocarlo no vino de Dios; probablemente vino de Adán. Supongo que al repetir la instrucción recibida por Dios, añadió ese detalle para proteger a la mujer. Si el fruto no se tocaba, era imposible comerlo. Sin embargo, Eva tocó y comió del fruto, y al ver que aparentemente nada pasó, decidió ofrecerlo al hombre.

Las consecuencias del pecado traen confusión a muchas mujeres y no les permite ver si son bendecidas o maldecidas.

Veamos las consecuencias que el pecado de Adán tuvo para la mujer. Génesis 3:16 nos dice:

"A la mujer dijo: Multiplicaré en gran manera los dolores en tus preñeces; con dolor darás a luz los hijos; y tu deseo será para tu marido, y él se enseñoreará de ti".

Consecuencia #1

Multiplicaré (Aumentaré) el dolor de tus preñeces

Siempre que la Biblia habla de una mujer embarazada, ésta representa la manifestación del propósito de Dios. Lo vemos en las vidas de tantas mujeres cuyo propósito es manifestado por medio de su tiempo de gestación y el nacimiento de la criatura que llevan dentro de sí.

Todos conocemos la historia de Abraham y Sara, y cómo el nacimiento de Isaac le dio cumplimiento a la promesa de Dios para sus vidas, siendo Sara estéril. Sin embargo, en Génesis 12, Dios le promete a Abraham que hará de él una nación grande. Más adelante, en Génesis 15, Dios le dice que su herencia no será para un esclavo en su casa, sino que un hijo suyo le heredará. Más de dos décadas pasaron desde el momento en que Dios le da la promesa a Abraham, hasta que Sara concibió y dio a luz un hijo en su vejez, según vemos en Génesis 21.

Por otro lado, tenemos el nacimiento de Moisés que trae la liberación de la vida de su madre Jocabed y, con ella, la libertad del pueblo de Israel. Faraón había ordenado que se echara en el río a todo hijo que naciera en medio del pueblo hebreo. En Éxodo 2 aparece cuando Jocabed concibió y dio a luz a su hijo Moisés. Al ver que era hermoso, no pudo dejarlo morir y decidió esconderle. Pero llegó el momento en que Jocabed ya no podía esconderlo más, así que preparó una arquilla de forma tal que no se hundiera en el río. Entonces la hija de Faraón encontró a este hermoso niño en el río y la movió la compasión. Inmediatamente le identifica como hebreo y decide contratar una nodriza para criarlo. La doncella que envió a buscar una nodriza, termina contratando a la propia madre de Moisés. Así es como Moisés tuvo a su disposición todos los recursos de la casa de Faraón, a la vez que fue criado por su propia madre con los principios hebreos, y muy consciente de su origen.

Por último, vemos a María con un llamado de parte de Dios para cargar en su vientre al salvador del mundo. María estaba desposada con José, cuando Dios envía al ángel Gabriel a anunciarle el privilegio de haber sido escogida por Dios para concebir del Espíritu Santo. En ese embarazo se cumplirían las profecías que por años el pueblo había creído y esperado. El nacimiento del Hijo de Dios pone en marcha el plan de Dios para la humanidad, y más adelante con su muerte y resurrección, se nos garantiza la vida eterna.

Cuando Dios habla de que aumentará el dolor de la preñez, lo que quiere decir es que iba a haber dolor en la manifestación del propósito que Él puso dentro de la mujer. A veces no entendemos por qué sentimos que tenemos que trabajar más fuerte para obtener resultados que a nuestro entender otros alcanzan con más facilidad. Esta impresión que tienen muchas mujeres es el resultado de la primera consecuencia del pecado del hombre.

Claro, no podemos dejar a un lado que muchos derechos de las mujeres, a través de la historia, se consiguieron mediante dolor y sacrificio. Un vivo ejemplo es la disputa que hubo en los Estados Unidos durante casi dos siglos para conceder a las mujeres el derecho al voto. Lydia Chapin Taft recibió el derecho a votar en el 1756 en una reunión de su pueblo, luego de la muerte de su esposo y su hijo mayor. Sin embargo, no fue hasta que se creó la décimo novena enmienda de la Constitución de los Estados Unidos en el año 1920, que se puso fin a la controversia sobre el voto femenino.

Todavía hoy, muchas estadísticas demuestran que en promedio las mujeres ganan 23% menos que lo que devengan los hombres haciendo el mismo trabajo. Aunque entiendo que esto no necesariamente representa discriminación, sino la desigualdad que aún existe en la remuneración económica, las estadísticas no dejan de ser la realidad que enfrentan las mujeres.

En nuestra vida cotidiana, vemos que es común que la mujer trabaje más arduamente en todas las áreas de su vida. Por ejemplo, no le toma el mismo tiempo a una mujer prepararse para una fiesta que lo que le toma al hombre. Treinta minutos antes de salir para la fiesta, el hombre se da un baño, se viste, se perfuma y sale. La mujer, por el contrario, tarda semanas en conseguir el vestido apropiado, para entonces enfrentarse a la interrogante de los zapatos que acompañarán el vestido. Ocho horas antes de la fiesta hay que ir al salón de belleza para arreglarse el cabello y pasar prácticamente medio día en esta gestión. Ya de regreso a la casa, hay que correr para dejar todo en orden: cocina limpia, niños acomodados (si no van a la fiesta; si van ¡hay que prepararlos también!), y hasta los animales hay que dejarlos atendidos. Entonces comenzamos a vestirnos, a escoger los accesorios y el maquillaje. En fin, salimos para la fiesta dos horas más tarde de la hora citada, muchas veces insatisfechas de cómo lucimos y sabiendo que se nos quedaron mil cosas sin hacer.

Cuando pertenecemos a la fuerza laboral, nuestro trabajo profesional generalmente es balanceado entre el cuidado de nuestros hogares y la crianza de nuestros hijos. Antes de salir del hogar, muchas veces pasamos al menos una hora preparando a nuestros hijos para la escuela, donde pasarán gran parte del día, mientras nosotras realizamos nuestras tareas profesionales. Desconectarnos de nuestros hijos durante este tiempo es un gran reto. Recuerdo cuando mis hijas Joanirie y Janaimar comenzaron en la escuela en el 1998 y 2000, respectivamente. Muchas veces mientras trabajaba en la oficina pensaba en si habrían almorzado, si estarían bien, si habrían hecho bien sus exámenes. Tantos pensamientos cruzaban mi mente. Cuando se acercaba la hora de recogerlas en la escuela, comenzaba la ansiedad de no entretenerme y que se me pasara la hora, y salir a tiempo para que el tráfico no me hiciera atrasarme. Luego llegaba al hogar para estudiar, darles comida, pasar un tiempo en familia, cumplir con nuestros compromisos en la iglesia, y luego al otro día, a las 5:30 am, comenzar nuevamente toda la jornada.

Éstos son tan sólo algunos ejemplos que dan lugar a que la mujer muchas veces sienta que tiene que trabajar más duro para alcanzar aquello que desea. A través de la historia, la mujer ha tenido que vencer con dolor todos los retos que se han presentado en su vida.

El propósito de nuestras vidas, sea cual sea, va acompañado de grandes retos. El proceso de la manifestación de ese propósito no es la excepción.

El proceso de solidificar nuestros matrimonios va acompañado de dolor. La crianza de nuestros hijos va acompañada de dolor. El levantar un negocio de la nada va acompañado de dolor. El trascender ministerialmente y servir en nuestras iglesias va acompañado de dolor. Quizás te preguntas. ¿Por qué tiene que ser así? La respuesta es sencilla; porque la mujer no tiene un solo propósito en la vida, sino que nuestra capacidad de ser multifacéticas nos hace trabajar con más de una cosa a la vez. Por eso todo lo que hacemos requiere mayor esfuerzo, trabajo y dedicación.

Consecuencia #2

Con dolor dará a luz a sus hijos

Cuando hablamos de verdadero dolor en la vida de una mujer, muchas veces está relacionado con los hijos. El nacimiento de ellos se produce bajo la tensión y la manifestación del dolor más agudo que probablemente muchas mujeres han experimentado. De hecho, estoy segura de que muy pocas mujeres han experimentado un dolor más fuerte y profundo que el de dar a luz.

Tengo grabado en mi mente cada uno de los momentos donde en una habitación de hospital, en medio de enfermeras, médicos y tantos instrumentos, Otoniel y yo le hemos dado la bienvenida a cada una de nuestras hijas. El proceso de parir es una experiencia única que, aunque dolorosa, tengo que testificar que me hago eco de las millones de mujeres que dicen que al ver el rostro de sus bebés olvidan el dolor y el arduo proceso del nacimiento.

Si analizamos con sinceridad, los hijos nos producen dolor aún desde antes de nacer. Tengo muchas amigas que han tenido que trabajar con los retos de la infertilidad. Incluso antes del nacimiento de nuestra tercera hija Jenibelle en el año 2009, yo misma me enfrenté, durante cinco años, al reto de la esterilidad. Es una situación muy difícil. La tensión que se vive mes a mes…las pruebas de embarazo negativas…el peso emocional de ver a otras madres con sus bebés en la calle y tú esperando recibir el tuyo. Solamente una mujer puede entender el dolor que siente otra mujer cuando busca quedar embarazada y no puede.

Vemos a millones de mujeres dedicarse y entregarse en cuerpo y alma para cuidar de sus hijos y proveerles todas las herramientas necesarias para desarrollar su futuro. Éste es un proceso que comienza con su nacimiento y nunca termina. La labor de una madre no tiene fecha de expiración.

Imagínate si contáramos las horas dedicadas a alimentar y cuidar de nuestros hijos en sus años de infancia. La dedicación es incomparable, con largas noches de despertarnos dos y tres veces a satisfacer su necesidad de alimento. Pero su alimentación nos ocupa más allá del tiempo de infancia cuando literalmente dependen del cuidado de su madre para recibirlo. Cuando no quieren comer, ya sea que no tienen apetito por cualquier razón, o sencillamente son selectivos con su comida, se provoca una inmensa angustia. Las madres hacemos hasta lo indecible para que nuestros hijos consuman sus alimentos: desde juegos, hasta la confección de los alimentos a su gusto.

Una experta en esto es Noemí, la abuelita de mi esposo Otoniel. Yo la he visto confeccionar hasta cinco o seis menús diferentes en el hogar, solamente para complacer el gusto de cada uno de sus nietos y bisnietos. A mis hijas mayores, ella les enseñó a comer el arroz haciéndoles bolitas con el mismo, al brócoli les llamaba arbolitos, y toda la carne que les servía, fuera lo que fuera, les decía que era pollo. La verdad es que comían. De hecho, cuando Janaimar comenzó a ir a la escuela a los 3 años, todas las mañanas me decía el menú que quería que su bisabuela Noemí le tuviera listo en la tarde.

Piense en ese primer día cuando los llevamos a la escuela o la guardería. En el colegio que Dios nos ha dado el privilegio de fundar y trabajar en Carolina, Puerto Rico, todos los años vemos a madres ir con sus cámaras a plasmar esos primeros pasos de sus bebés en la escuela. La gran mayoría sale de allí con lágrimas en sus ojos, algunas con el llanto tan profundo como si hubiesen tenido una pérdida irremediable. Cuando ya nuestros hijos van a la escuela, invertimos tiempo, esfuerzo y dinero en prepararlos para cada año escolar. Día a día velamos por cada clase, asignación, proyecto, examen y prueba corta. Pasamos indefinidas horas ayudándoles en sus asignaciones. En toda actividad extracurricular nos involucramos cocinando, creando atuendos, sirviendo. Muchas veces nos convertimos en las ayudantes escolares de sus maestros. Este trabajo lo hacemos por muchos años.

No podemos dejar a un lado el día que comienzan en la universidad. Allí ya no hay maestras que nos digan el progreso de nuestros hijos o reuniones con directoras. En este tiempo que viene acompañado de mucha incertidumbre, sólo nos queda confiar en que hayamos hecho un buen trabajo y esté en ellos el deseo genuino de recibir una educación. La inversión económica que hacemos en la educación universitaria de nuestros hijos, muchas veces excede la compra de una casa o un auto. Esa aportación representa largos años de trabajo.

Cuando nuestros hijos están enfermos, pasamos horas indefinidas en vela, monitoreando su progreso y síntomas, esperando las citas médicas, y administrando a tiempo las medicinas y los tratamientos. Me refiero desde el más simple catarro hasta enfermedades más complicadas. Hay un personaje en una serie de Nickelodeon que es una madre sobreprotectora. Para ella, cualquier pequeño síntoma que experimente su hijo adolescente es una alarma que le crea una ansiedad que hace que ella no se despegue de su hijo cuidándolo, protegiéndolo y tratando por todos los medios de que sane inmediatamente. Quizás el personaje parece sumamente exagerado, pero la verdad es que no está lejos de lo que sentimos cuando nuestros hijos están enfermos.

Ya de adolescentes pasamos largas horas supervisando sus habitaciones, cada llamada telefónica, conociendo a sus amigos. Hoy día la tecnología les da acceso y abre muchas ventanas en las vidas de nuestros adolescentes, creando riesgos con los que nuestros padres no tuvieron que lidiar. Mis hijas adolescentes tienen otros amigos, en su mayoría hijos de pastores amigos nuestros, con quienes sostienen video conferencias en sus computadoras. Las reglas de nuestro hogar son muy estrictas al respecto. Definitivamente, requiere un gran esfuerzo mantenerse al día en la tecnología para poder poner los límites y controles necesarios.

Cuando ya salen de nuestro hogar, el trabajo no termina. Ahora nuestro enfoque está en ver que todo lo que hemos hecho, sembrado y sacrificado produzca el fruto que estamos esperando. Si tienen algún reto, estamos ahí para asistirles. Y con la llegada de nuestros nietos, revivimos muchas etapas que pasamos con nuestros propios hijos, y servimos de guía para quienes ahora cumplen con el rol de ser padres.

Cada una de estas etapas conlleva para la mujer grandes retos, sacrificios y un proceso de aprendizaje que no termina. Definitivamente, cada momento memorable de los hijos exige mucho de la mujer, que como madre tiene que estar preparada para enfrentar toda situación y salir airosa de las mismas.

Permíteme hacer una pausa para aclarar algo muy importante. ¡Tu marido no produce dolor! Si tú piensas que tu marido produce dolor, tu enfoque está en el lugar incorrecto. En ningún lugar en la Biblia dice que el marido le causa dolor a la mujer. Si tú sientes dolor en la relación con tu marido, tienes que evaluar esa relación y ponerla en orden con la Palabra de Dios porque cabe la posibilidad de que esté siendo atacada por el enemigo.

Si no lo aprendiste antes, apréndelo hoy: los hijos producen dolor. No hay nada peor para una mujer, que le pase algo a uno de sus hijos. Las mujeres cuidan a los padres, a los hermanos y a los maridos. Trabajan arduamente en sus casas, en sus empleos o negocios, y se enfrentan a miles de retos diariamente. A nosotras las mujeres nos pueden abandonar los maridos o nuestros padres, podemos perder un empleo o un negocio, se nos puede quemar la casa, pero ¡que le pase algo a nuestros hijos! que hasta ahí llegamos nosotras.

Los hijos son los que producen verdadero dolor en la vida de una mujer. No solamente el dolor que es provocado por el esfuerzo de encaminarlos y proveerles todo lo que necesitan. Me refiero también al dolor que sentimos cuando nuestros hijos están bajo algún ataque, por ejemplo, con las drogas, alcohol o alguna enfermedad en sus cuerpos. ¡Qué gran reto enfrentamos las mujeres cuando algo negativo toca a nuestros hijos! Una experiencia negativa con un hijo aflora en la mujer toda la fuerza, todo el enfoque y todo el empuje necesario para resolver cada situación.

Siento dolor cada vez que veo a una madre derramar lágrimas por sus hijos, cuando por alguna razón están siendo atacados. Cosas tan pequeñas como un simple desacuerdo de nuestros hijos con algún compañerito de la escuela, hasta verlos sumergidos en vicios o padeciendo alguna enfermedad, tocan las fibras más intimas de nuestros corazones. No importa cuán leve o complicada sea la situación, siempre estamos involucradas y aludidas.

En la oportunidad que Dios nos ha dado de ministrar en toda Latinoamérica, hemos orado e intercedido por miles de familias, a favor de sus hijos. Siempre recuerdo, en una ocasión, cuando Otoniel y yo ministrábamos juntos en una iglesia y recibimos una instrucción de Dios para orar por aquellos padres que tuvieran hijos fuera del hogar. Pensamos que al hacer este llamado ministraríamos quizás a unas cuarenta o cincuenta personas. Sin embargo, cuando hicimos ese llamado, el altar se llenó con sobre seiscientas personas. El rostro de cada madre por quien oramos esa mañana demostraba el profundo dolor que sentía. Muchas nos solicitaron oración también por su salud, la cual estaba afectada por causa del dolor, la angustia y la presión que les había causado la situación con sus hijos.

Pero el dolor que producen los hijos no está limitado al impacto que produce pasar situaciones negativas. Cada etapa de la vida de nuestros hijos va acompañada de dolor. Su nacimiento, como ya explicamos, llega con dolor. Todo el cuidado que reciben durante sus primeros años está acompañado de sacrificios, mayormente de parte de mamá. No importa en la posición en que estemos, siempre tenemos que trabajar con nuestras emociones, pensamientos preconcebidos, y las expectativas de la sociedad y hasta de nuestra propia familia, respecto a la crianza de nuestros hijos. En la naturaleza de muchas mujeres está poner a sus hijos por encima de ellas mismas. Ser madre es una de las cosas más maravillosas que puedas experimentar en tu vida. De ninguna manera pretendo que pienses que los hijos están solamente para causar dolor. Y eso es algo que no podemos perder de perspectiva. Cada triunfo o fracaso de nuestros hijos viene acompañado de muchas emociones que tenemos que aprender a manejar e identificar correctamente. Esto es necesario para poder cumplir el propósito divino que Dios nos dio al asignar cada uno de nuestros hijos a nuestra vida. En realidad, son más las alegrías que producen los hijos que las tristezas. Es un privilegio ser madre, algo que desafortunadamente ningún hombre jamás podrá experimentar, por mejor padre que sea. Para los hombres está reservado el gozo de la paternidad, algo que para nosotras es un misterio.

Consecuencia #3

Tu deseo será para tu marido,
y él se enseñoreará de ti.

En las iglesias, el tema del hombre vivir enseñoreándose de la mujer, como decimos los puertorriqueños, "pica y se extiende". Es un argumento que no tiene fin. Sin embargo, bíblicamente toda mujer debe vivir bajo una cobertura natural y espiritual. Dependiendo de la etapa en que estemos en nuestra vida, esa cobertura puede provenir de nuestros padres, esposos o pastores.

Cuando vemos la dinámica del enseñoramiento, no sólo lo podemos interpretar como un esposo enseñoreándose sobre una esposa. Cualquier figura de autoridad masculina sobre la vida de una mujer puede pretender enseñorearse. El enseñoramiento ocurre cuando una figura de autoridad malinterpreta su propósito divino de cobertura sobre la mujer y toma sobre ella libertades que Dios no le asignó. Constantemente vemos a mujeres siendo abusadas física, emocional y sexualmente por figuras que representan autoridad en su vida. Todas y cada una de estas experiencias negativas constituyen también enseñoramiento.

Lo primero que establece esta consecuencia es que el deseo de la mujer será para su marido. Esto lo podemos interpretar como que el enfoque de la mujer ahora estaría en el hombre. Ese enfoque de la mujer en el hombre, producto de la maldición, viene acompañado de exigencias. Es decir, que la atención de la mujer se va a concentrar en su fuente de cobertura masculina (en su mayoría me refiero a su esposo) para exigir y esperar de él que satisfaga irracionalmente todas sus necesidades.

La palabra "deseo", en una de las definiciones bíblicas del original, se refiere a "búsqueda de lo inalcanzable". Esto representa un gran problema, tanto para el hombre como para la mujer. Cuando lo analizamos, esa búsqueda inalcanzable de aprobación y satisfacción sucede a diario en la mayoría de las relaciones entre hombres y mujeres.

Un buen ejemplo de demandas inalcanzables es cuando la mujer exige del hombre muestras palpables de admiración y aprobación. Hago la aclaración de que la exigencia son las muestras porque no tengo duda de que la mayoría de los hombres admiran y aprueban a las mujeres que tienen a su alrededor. Simplemente hay un reto muy grande en los hombres para demostrar esa admiración y aprobación, a la vez que hay un reto mayor en las mujeres para recibirlas.

Siempre recuerdo a una famosa conductora puertorriqueña de televisión testificar que, luego de sobre veinticinco años al lado de su esposo, un día le reclamó que él nunca le había dicho "te amo". La respuesta del esposo fue sencilla y muy reveladora. Le dijo: "Si no te amara, ¿crees que hubiéramos estado juntos todos estos años?". Mientras ella estaba enfocada en escuchar a su esposo decir "te amo", su esposo había enfocado su amor en estar con ella. La verdad es que mientras la mujer esté enfocada en esa insaciable necesidad de aprobación, no podrá recibir ni siquiera un elogio, y siempre se sentirá insatisfecha.

Lo mismo ocurre cuando el enfoque de la mujer está únicamente en el área financiera. Por más prosperidad que se manifieste, muchas veces no le parece suficiente. Mientras mayor prosperidad financiera hay en una familia, mayores son las demandas. Éstas son las mujeres que su atención rara vez está en las bendiciones ya manifiestas en su vida, y siempre se fijan solamente en lo que no tienen, en lo que les falta, o en lo que otros tienen por encima de ellas. Cuando el enfoque está solamente en el aspecto material, no hay forma de que haya satisfacción.

Cuando la mujer fue llamada a ser "ayuda idónea" en el plan original, su enfoque iba a estar en el hombre, pero con una gran diferencia. Ese enfoque era el camino a cumplir con su propósito. La recompensa y la admiración vendrían de Dios, ya que la mujer es la creación de Dios, no la creación del hombre. El problema radica en que la mujer espere que sea el hombre quien traiga ese sentido de satisfacción, aprobación y admiración. Ésa es una demanda irrazonable, y sucede cuando la mujer busca recibir del hombre lo que sólo Dios le puede dar. Es Dios quien nos da esa satisfacción y sentido de propósito, no tan sólo en las relaciones con los hombres de autoridad sobre nuestras vidas, sino en todas nuestras relaciones.

Toda esta dinámica termina convirtiéndose en una lucha de poderes. Si está mal luchar contra ese señorío de los hombres, peor es entregarle nuestra mente y nuestra vida, pensando que ahí va a estar nuestra felicidad y manifestación. Por eso vemos mujeres que no se sienten realizadas hasta que están casadas. Es un gran error llegar al matrimonio con las expectativas incorrectas. Luego de casadas, el sentido de insatisfacción permanece.

No hay por qué sentirse incompleta si no tenemos un hombre a nuestro lado. En el principio, el que estaba incompleto era el hombre, cuando no tenía una mujer a su lado. La Biblia nunca dice que la mujer estaba incompleta cuando no tenía un hombre a su lado. Nuestra satisfacción viene de Dios y mientras nuestro enfoque esté en Dios, eso nos permite tener relaciones exitosas.

Antes de determinar en nuestra mente y en nuestro corazón si somos bendecidas o maldecidas, quiero que veas la posición en la que la mujer queda con respecto al enemigo, luego del pecado del hombre. Cuando Dios habló a la serpiente, le dijo lo siguiente en Génesis 3:14-15:

"Y Jehová Dios dijo a la serpiente: Por cuanto esto hiciste, maldita serás entre todas las bestias y entre todos los animales del campo; sobre tu pecho andarás, y polvo comerás todos los días de tu vida. Y pondré enemistad entre ti y la mujer, y entre tu simiente y la simiente suya; ésta te herirá en la cabeza, y tú le herirás en el calcañar".

Es muy importante resaltar que estas palabras Dios las dijo a la serpiente antes de que hablara con la mujer y le explicara las consecuencias por su pecado. Quiere decir que, aunque la mujer tendría que trabajar con sus propias consecuencias, su posición estaba claramente establecida de antemano. La simiente de la mujer sería herida por el enemigo en el calcañar y ella heriría en la cabeza a la serpiente. Es decir, que la posición de la mujer siempre va a estar por encima del enemigo. Al hombre, Dios no le dio palabra de que heriría al enemigo. En realidad se la dio a la mujer. Es la mujer quien tiene la capacidad de vencer al enemigo.

Desafortunadamente, la mujer muchas veces se ve a sí misma por debajo del enemigo. Aún teniendo que trabajar con las consecuencias del pecado sobre su vida, la mujer estaba en una posición de ventaja sobre el enemigo, y de antemano ya Dios le había dado la victoria. Lo que parece ser una maldición sobre la vida de la mujer, en realidad es una bendición. Las palabras de Dios para la mujer no fueron para declarar sobre ella maldición. Había que enfrentar unas consecuencias. Esas consecuencias no serían un secreto. Dios las establece claramente para que cada mujer tenga la conciencia correcta y pueda desarrollar las herramientas necesarias para vencer cada reto en su vida. En medio de la crisis del pecado, vemos cómo Dios tuvo el cuidado de dar aliento a la mujer, al revelarle que ella tendría la victoria sobre el enemigo.

Capítulo 3

Diseño exclusivo de Dios

Diseño exclusivo de Dios

Para una mujer sentirse contenta, feliz y en paz, necesita sentirse valorada y querida por aquellos que le rodean. Cuando la mujer no recibe esa retroalimentación de parte de su entorno, su valor propio se ve afectado, lo cual le puede causar mucho daño. Para tratar de salir de esos estados mentales y emocionales de sentirse con poco valor, la mujer necesita distinguir de forma objetiva, con un alto toque de realidad, aquello que Dios depositó en su vida en el momento de su manifestación.

Cuando escuchamos hablar de un "diseño exclusivo", quizás pensamos en un vestido especialmente creado para alguien, con detalles únicos, no repetidos. El diseñador sólo creó uno, para una sola persona, con un estilo que nadie tiene. Como luce ese vestido, no luce ningún otro.

Obviamente el valor de algo exclusivo es más elevado. Por ejemplo, vivir en un lugar "exclusivo" añade valor a esas propiedades. Un auto con diseños "exclusivos" siempre es más costoso.

En un sentido mucho más espiritual y significativo, eso somos las mujeres en manos de nuestro Creador: su diseño exclusivo. Ningún ser humano es igual a otro. Todos hemos sido creados diferentes. También, todos hemos sido creados a la imagen y semejanza de Dios. Nuestra exclusividad se basa en el hecho de que cada uno de nosotros se encarga de enseñar algo diferente del Dios que nos hizo a su imagen y semejanza. Todos tenemos características divinas, pero exclusivas en cada uno de nosotros.

La manifestación de la mujer completó la creación y entonces se hizo posible el mandato divino de multiplicación y fructificación. Sólo su manifestación plena culmina la obra de Dios. Su manifestación va amarrada de la conciencia de aquellas cualidades que son únicas en las mujeres.

Miles de libros hablan de las diferencias entre los hombres y las mujeres. Todas esas aseveraciones son muy buenas, pero desafortunadamente mucha gente le presta atención solamente a quién es mejor que quién, cuando en realidad, cualquier diferencia que tenga el hombre de la mujer es sencillamente normal y no necesariamente significa que hay uno de ellos que esté por encima del otro.

Si Dios hubiese querido dos seres iguales, ciertamente tiene la capacidad de haberlo hecho así. Pero Dios decidió hacer diferentes al hombre y a la mujer. Ninguno es mejor que el otro. Simplemente son diferentes y no debe ser novedad para nadie; ha sido de esa manera desde el principio. El hombre tiene unas cualidades que la mujer no posee y no entiende, de la misma forma que la mujer posee cualidades que el hombre no posee ni entiende. Esto no debe ser motivo de separación, como sucede en tantas ocasiones. Debería en realidad ser motivo de unidad. Dios lo hizo así para que cada uno fuera complemento del otro.

Para manifestar su propósito único y exclusivo, la mujer necesita adquirir el conocimiento y entender aquellas cualidades que le hacen un ser único. No podemos mencionar todo lo que hace única, especial y exclusiva a una mujer. Sin embargo, me gustaría discutir y mencionar algunas de esas características. Dios depositó en la mujer, entre muchas, las siguientes cualidades que la caracterizan:

Fuerza

Dios formó a la mujer usando el hueso vivo del hombre. El hueso está constituido por uno de los tejidos más fuertes y resistentes que posee nuestro cuerpo. Gracias al esqueleto, somos capaces de soportar más peso que nuestro propio cuerpo. Son los huesos los que nos permiten sostener la masa corporal, y dar forma y estructura a nuestros cuerpos. Esas mismas funciones se encuentran en la mujer. Por medio de su fuerza, la mujer es capaz de sostener y dar forma a todo lo que está a su alrededor.

Pruebas científicas demuestran que la mujer tiene un 30% de más resistencia al dolor que el hombre. La mujer también tiene mayor capacidad para realizar trabajos monótonos y aburridos. Fuimos creadas con elementos fuertes para que en nosotras hubiera fuerza. Las mujeres resistimos horas y horas de dolor; lo demostramos en cada parto y mensualmente, al resistir el dolor de la menstruación.

La mujer también ha demostrado ser más resistente a las enfermedades. En promedio, una mujer vive ocho años más que un hombre. Generalmente, cuando una mujer está enferma, continúa realizando sus labores cotidianas. Cuando hay alguien enfermo en el hogar, es la mujer en quien cae la responsabilidad del cuidado de esa persona. Es por causa de esta relación que tiene la mujer con la enfermedad, que algunos científicos explican la tolerancia y capacidad superior que tienen las mujeres para enfrentar las enfermedades.

Al ser multifacéticas y tener múltiples áreas donde concentrar nuestra atención, estamos trabajando todo el tiempo. La mayoría de las veces es la mujer quien se amanece realizando tareas necesarias para que continúe el funcionamiento de una familia, un hogar o un negocio. En la mayoría de los hogares, es la mujer la última en acostarse y la primera en levantarse. Sencillamente, nadie más tiene la fortaleza necesaria para cumplir con múltiples tareas y trabajar por ellas de sol a sol, como lo hace la mujer.

Tener la resistencia para amanecerse y poder tener mayor rendimiento físico durante el día y la noche, es un privilegio y una gran ventaja que posee la mujer. Nunca sientas carga ni desánimo al sentir que tu esfuerzo es mayor. Más bien disfruta de todos los talentos con los que Dios te ha dotado.

Sensibilidad

Todo cuerpo humano está constituido por huesos. Los huesos, además de dar movilidad, se encargan de proteger los órganos vitales del hombre. Dios podía extraer hueso de cualquier parte del cuerpo del hombre, pero lo hizo de las costillas. Las costillas específicamente se encargan de proteger el corazón. Por esto existe en la mujer una capacidad innata de percibir cualquier daño que vaya dirigido al corazón de aquellos a quienes cuida y protege.

La sensibilidad de la mujer no solamente le permite ofrecer protección, sino que la mujer tiene varios sentidos vitales más desarrollados que el hombre. Sentidos como el tacto, el olfato y el oído funcionan con mayor agudeza en la mujer. Esta agudización de sentidos se relaciona íntimamente con lo que muchos han denominado como la intuición femenina. Lo que sentimos al tocar algo nos permite internalizar emociones que muchas veces no podemos explicar. Los estudios científicos confirman una y otra vez que, en circunstancias similares, las mujeres poseen mayor sensibilidad al tacto. Durante el tiempo de la ovulación, el olfato de la mujer se agudiza, posiblemente por causa del aumento en los niveles de estrógeno. El olfato es uno de los sentidos más utilizados por la mujer a la hora de la conquista de una pareja y, por medio del mismo, percibe infinidad de características en el hombre, que no son visibles. Finalmente, la mujer posee un mejor oído que el hombre. El cerebro de las mujeres tiene la capacidad de distinguir varios estímulos auditivos al mismo tiempo, sin mezclarlos. De ahí que una mujer pueda escuchar dos conversaciones al mismo tiempo.

La mujer recurre innatamente a estas capacidades agudizadas para relacionarse mejor con su entorno. Al tener mayor acceso a información a través de sus sentidos, la mujer tiene muchas más herramientas para ser de bendición.

Entendimiento de principios espirituales

Uno de los más grandes principios espirituales es la ley de la siembra y la cosecha. La mujer puede entender este principio más allá de lo intelectual porque este principio es parte de su diario vivir y lo experimenta en su cuerpo. ¿Quién mejor que una mujer puede entender el poder que tiene el depósito de una pequeña semilla en el lugar correcto? Eso es lo que se experimenta durante el embarazo.

En esas primeras citas del tiempo de gestación, cuando se hace ese primer sonograma, una está esperando ver un bebé y simplemente lo que a veces se ve es un puntito o una rayita. Cuando va creciendo, parece una habichuelita. La mujer se levanta y se acuesta día y noche, hasta que un día tiene en sus brazos un bebé que se formó, creció y desarrolló en sus entrañas sin ella saber cómo. ¿A qué se parece esta descripción? Por supuesto, a la parábola del sembrador en el libro de Mateo, capítulo 13.

Jesús acostumbraba a explicar los principios espirituales en parábolas. No solamente la mayoría de las parábolas estaban basadas en el principio de la siembra y la cosecha, sino que sin entender este principio, Jesús nos deja saber que sería muy difícil entender el resto de sus enseñanzas. Por eso le dijo a los discípulos en Marcos 4:13 lo siguiente:

"Y les dijo: ¿No sabéis esta parábola? ¿Cómo, pues, entenderéis todas las parábolas?".

Si entendemos el principio de la siembra y la cosecha, los misterios de las enseñanzas de Jesús son reveladas a nuestra vida.

Poseo una foto de nuestra tercera hija, Jenibelle, de un sonograma que me hicieron el 10 de julio del 2008. Casualmente el 10 de julio del 2009 visitamos una propiedad que tenemos cerca de la playa para descansar con las niñas, y tenía esa foto pegada del refrigerador. ¡Qué impresionante poder comparar el crecimiento y desarrollo de un año! No me preguntes cómo fue, a pesar de que leí muchos libros explicando el desarrollo del bebé en el vientre de su madre. Lo que literalmente era una rayita de probablemente tres milímetros, un año más tarde era una hermosísima bebé completamente sana para la gloria de Dios.

Una mujer jamás olvida ese ardiente deseo de dar a luz cuando llega el tiempo. Esas últimas semanas de gestación, el cuerpo comienza a sentir que ya tiene que nacer ese bebé. En mi cuarto embarazo me sentía así desde la semana treinta y seis de gestación. Una semana más tarde, el 30 de diciembre del 2010, nació nuestra hija Jillianne. Algo me decía dentro de mí que ella nacería antes de que terminara el año. Y cuando llega el momento, muchas veces no hay lugar para la duda. La mujer lo conoce y, sobre todo, sabe que ya no hay marcha atrás. Ese proceso nos da la capacidad de entender lo que significa llevar algo dentro de nosotras que necesita salir. ¿No es eso lo que nos dice la Palabra en Romanos 8:19?

"Porque el anhelo ardiente de la creación es el aguardar la manifestación de los hijos de Dios."

Visión espiritual para completar

Cuando la mujer fue manifestada, vino a completar la creación de Dios, y fue dotada con todo lo que hasta el momento no se había manifestado. Por eso, luego de la manifestación de la mujer, Dios no añade más a su creación. La mujer representa todo lo que está completo. Ella tiene la capacidad de llenar, arreglar y hacer funcionar cualquier cosa incompleta. Sólo tú tienes la capacidad de expresar lo que Dios ha depositado en tu corazón. Sólo tú tienes la capacidad de sacar de dentro de tu esposo y de tus hijos lo que Dios puso en ellos, y así convertirte en partera de sueños en tu hogar.

¿Cuántas veces nos han hablado de la mujer de Proverbios 31?

Diseño exclusivo de Dios

"Mujer virtuosa, ¿quién la hallará?"

—PROVERBIOS 31:10

Yo le voy a cambiar ese verso 10 y sustituirlo de la siguiente manera: *Mujer idónea ¿quién la hallará?* No he visto a una mujer que trabaje más que la de Proverbios 31. Era empresaria, cuidaba los hijos, su luz no se apagaba hasta que todo el mundo llegaba a la casa, tenía toda la familia vestida con ropas dobles, vivía en abundancia, sus criados estaban listos…ella hacía todo lo que venía a la mano para hacer y lo hacía con excelencia. Tanto es así, que el hombre más sabio del mundo entendió que era difícil conseguir una mujer como aquella. Tal parece que en ese matrimonio, en esa familia, en esa comunidad, nada faltaba, gracias a la presencia de una mujer virtuosa con el entendimiento de ser ayuda idónea.

Por muy inalcanzables que parezcan todas las características de la mujer virtuosa, aquella ayuda idónea que describe Salomón en ese proverbio se encuentra en todas las mujeres. Conozco cientos de mujeres que son un testimonio de que la mujer de Proverbios 31 no es un ideal imposible de duplicar, sino más bien un modelo a seguir.

Vemos en la descripción de la vida de la mujer de Proverbios 31 esa capacidad de poner su sello de excelencia en todo lo que hace. Ese sello que cada mujer pone en su familia, hijos, hogar, profesión y tareas caracteriza nuestra entrega y aportación masiva a todo lo que hacemos, tocamos y trabajamos. Es la aportación de las mujeres en todas esas áreas la que trae sentido de consumado, finalizado y acabado.

Influencia

A pesar de las consecuencias que tiene el pecado del hombre en la vida de la mujer, no podemos dejar a un lado algo muy importante que sucedió en Génesis. Cuando el enemigo quiso atacar al hombre y a la mujer, en ningún lugar dice que haya hecho algún acercamiento directamente al hombre para hacerlo comer de aquel fruto prohibido. En la Escritura, vemos al enemigo ir directamente a donde la mujer.

La Biblia dice que la serpiente era más astuta que todos los animales. Nunca dice que era más astuta que el hombre y la mujer. Pero en su astucia, pudo ver en aquella mujer lo que muchas mujeres aún no han podido ver en ellas mismas. La serpiente vio en la mujer algo que no pudo ver en el hombre. Por eso la escogió a ella para intervenir con el hombre. Me refiero al poder que Dios ha depositado dentro la mujer, llamado influencia. Cuando utilizo la palabra poder, no lo hago con ligereza. La influencia es verdaderamente un poder que la mujer tiene a su disposición.

Al ser manifestada, la mujer recibió el cargo de convertirse en ayuda idónea como ya explicamos. En lo que a Adán se refería, no había razón alguna para pensar que aquella mujer pudiera hacer algo que le hiciera daño. Su razón de ser era todo lo contrario. Eva había sido creada para el beneficio de Adán. Este propósito divino de manifestarse como ayuda idónea venía acompañado del beneficio de confianza total, ya que no había razón para pensar que pudiera ser de otra forma.

La mujer opera bajo el beneficio de obtener confianza automática. Esa confianza que las mujeres adquieren de aquellos a quienes sirve como ayuda, entiéndase padres, esposo, hijos, familiares, etc., le permite conocer los pensamientos, acciones y decisiones de esas personas. ¡Cuán importante es para muchos la opinión de su madre a la hora de tomar una decisión! No todo el mundo cuenta con la opinión del padre. Del padre buscamos aprobación. Opinión, consejo y guía, en la mayoría de los casos, lo buscamos en la madre. Ese voto de confianza que reciben las mujeres es lo que le da el acceso exclusivo a ejercer influencia en otros.

Yo soy de las que piensa que las mujeres pueden hacer cambiar de opinión a cualquier persona. El poder de la influencia, acompañado de las palabras correctas, el ambiente preparado y la paciencia pueden lograr mucho. Y este poder se puede utilizar para bien o para mal. En la Biblia tenemos muchos ejemplos de mujeres ejerciendo influencia, para bien y para mal.

Además de Eva, quien influyó en Adán y provocó consecuencias negativas, tenemos a Dalila. Jueces 16:15-17 nos muestra cómo Dalila extrajo de Sansón la información que ella quería:

"Y ella le dijo: ¿Cómo dices: Yo te amo, cuando tu corazón no está conmigo? Ya me has enga-ñado tres veces, y no me has descubierto aún en qué consiste tu gran fuerza. Y aconteció que, presionándole ella cada día con sus palabras e importunándole, su alma fue reducida a mortal angustia. Le descubrió, pues, todo su corazón, y le dijo: Nunca a mi cabeza llegó navaja; porque soy nazareo de Dios desde el vientre de mi madre. Si fuere rapado, mi fuerza se apartará de mí, y me debilitaré y seré como todos los hombres".

Sansón era un poderoso y ungido hombre de Dios, quien tuvo muchos años de gloria y cuyo destino era ser un juez para el pueblo de Israel. Sin embargo, conectarse con las personas incorrectas puso fin a su destino y transformó su vida de un conquistador poderoso a un poderoso conquis-tado. Vemos a Sansón juntarse con tres mujeres incorrectas: primero con la mujer de Timnat, luego con una prostitu-ta en Gaza y finalmente con Dalila. Había sido advertido por sus padres que estaba buscando mujer en los lugares incorrectos (Jueces 14:3). Sin embargo, Sansón decidió no escuchar consejos de quienes buscaban su bien, y tomó las decisiones incorrectas una y otra vez.

En Jueces 16 vemos a Sansón frente a una mujer que claramente quiere poner fin a su fuerza. Si tres veces la había engañado y las tres veces ella había revelado el secreto equivocado a sus enemigos, me parece imposible que Sansón no conociera las intenciones de su mujer. De hecho, en Jueces 14, ya Sansón había sido traicionado de la misma manera por la mujer filistea de quien se enamoró en Timnat, cuando ella reveló el secreto de su enigma a los filisteos.

Pero las palabras de Dalila pusieron presión en Sansón hasta que él decidió darle a aquella mujer lo que tanto le había pedido. Dalila insistía todos los días. Ella estaba firme y definida en lo que quería conseguir de él. Lastimosamente, la imprudencia de esta mujer, quien no cedió en su insistencia sobre Sansón, hasta cierto punto desinfló el corazón de Sansón. Llegó a un punto donde su fuerza no le fue suficiente y sencillamente no pudo aguantar más la presión. Sansón sabía que la revelación de este secreto le costaría el poder de Dios que lo había salvado una y otra vez, y con ello hasta su propia vida.

Dalila es un ejemplo de influencia en acción, utilizando los métodos incorrectos con el propósito incorrecto. Ella pudo haber utilizado esa información para bien y para proteger el don de Sansón. Dalila pudo haber guardado su secreto y, con ello, la vida del hombre que había descubierto su corazón ante ella. Desgraciadamente, decidió entregarlo a los príncipes de los filisteos y contribuir a su final.

Igual que Dalila, las palabras de Abigail cambiaron el corazón de David. Cuando Abigail le vino al encuentro a David para salvar la vida de Nabal, su marido, y de toda su casa, éstas fueron las palabras que dijo David a Abigail en I Samuel 25:32-35:

"Y dijo David a Abigail: Bendito sea Jehová Dios de Israel, que te envió para que hoy me encontrases. Y bendito sea tu razonamiento, y bendita tú, que me has estorbado hoy de ir a derramar sangre, y a vengarme por mi propia mano. Porque vive Jehová Dios de Israel que me ha defendido de hacerte mal, que si no te hubieras dado prisa en venir a mi encuentro, de aquí a mañana no le hubiera quedado con vida a Nabal ni un varón. Y recibió David de su mano lo que le había traído, y le dijo: Sube en paz a tu casa, y mira que he oído tu voz, y te he tenido respeto".

La historia de David y Abigail es muy particular. Vemos a un rey ungido bajo unas circunstancias muy peculiares, quien sabiendo que Dios tenía un trono para él, tuvo que luchar con su familia, pelear a solas en el campo y hasta huir de la presencia de su antecesor, el rey Saúl. David había tenido lucha tras lucha, y de todas ellas, Dios le había guardado. En sus momentos de soledad, tomaba el arpa y comenzaba a cantar salmos a Dios.

Antes de la intervención divina de Abigail, David se encontraba con sus hombres en la montaña y envió a Nabal la noticia de que necesitaba abastecimientos. En más de una ocasión, David había protegido a los pastores de Nabal y había hecho con ellos lo que ahora solicitaba de él para con los jóvenes que había enviado. Por lo tanto, David entendía que tenía todo el derecho a solicitar aquel cuidado para sus hombres, los cuales fueron rechazados y enviados hacia David con las manos vacías.

Para David, este acto de Nabal fue un insulto. Nabal trató a estos hombres como si no conociera a David, y lo despreció con sus palabras. La respuesta de David era de esperarse. Inmediatamente que escuchó el trato que Nabal les había dado a sus hombres, dio instrucciones de salir hacia la casa de Nabal con espada en mano.

¿Cuántas veces hemos estado en situaciones como en la que se encontraba David? Hemos obrado bien a favor de personas y, sin embargo, nos han pagado mal. Cuánta tristeza y desilusión sentimos cuando derramamos nuestro corazón, servimos con empeño y bendecimos a personas que no corresponden a nuestro amor y cuidado. Y creo que en algún momento, todos hemos sentido la ira que sintió David al recibir aquel humillante e insultante rechazo de un hombre con quien él se había comportado bien sin conocerle.

Es por eso que la intervención de Abigail es tan vital e impresionante. Al estudiar esta historia, me he preguntado en más de una ocasión: ¿Cómo podía una mujer tan sabia estar casada con un hombre tan necio?

Abigail no permitió que la necedad de su marido pusiera fin a lo que probablemente había trabajado con él, pues la intención de David era acabar con todo lo que encontrara a su paso y no dejar con vida ni un varón. Abigail decidió proteger su casa al enviar a cargar asnos con panes, cueros de vino, grano y fruta. Ella iba a hacer lo que su marido no hizo. Más aún, en su sabiduría divina, Abigail no permitió que David llegara hasta su casa, sino que ella misma fue con sus criados. Teniendo a David de frente en lugar de huir, vemos a una Abigail valiente y firme salirle al encuentro, y decir uno de los discursos más sabios que encontramos en la Biblia.

Cuando David recibió mal a cambio del bien que había hecho Nabal, Dios utilizó a Abigail para que, con la reverencia que David probablemente no había recibido de ninguna otra persona, le recordara que no debía manchar su manos con la sangre del necio de Nabal. La atención de David ya no estaba en el que le había rechazado, sino en la que Dios había enviado para corresponderle con bien. Dios estaba cuidando de David a través de Abigail, no solamente al proveerle los abastecimientos que había solicitado, sino también al impedirle que derramara sangre y vengara aquella infracción por su propia mano.

La intervención de Abigail en la vida de David hizo que él la respetara. David vio a Abigail como una enviada con inteligencia que llegó a tiempo para transformar aquella situación. Abigail no solamente aplacó la ira de David, sino que cuando su marido Nabal murió, David se acordó de ella y la mandó a buscar para tomarla por mujer. Esto es un ejemplo de una mujer que supo ejercer su influencia positivamente, y por lo cual recibió gran recompensa.

La influencia de la mujer puede sacar lo mejor o lo peor de cualquier persona o situación. Puede producir la energía suficiente como para que haya un cambio de opinión. El poder de la influencia de la mujer es tan importante que en la mayoría de lo que se anuncia por televisión, ya sean productos para el hombre o la mujer, hay mujeres en el anuncio. Además, los anuncios se orientan hacia las mujeres porque, según estudios, son quienes deciden las compras y las hacen.

¿Te has dado cuenta de que las revistas orientadas a los hombres como son los autos y los deportes, están llenas de fotos de mujeres?

Donde hay una mujer representada, hay influencia.

Tú tienes la capacidad de hacer lo que nadie más puede hacer. Ése es el valor que Dios ha depositado en ti, mujer. Dios depositó algo especial en ti, que está por encima de la colección de piedras preciosas más grande que haya en el mundo. Las mujeres tienen que levantar su estado de ánimo. La mujer tiene que entender que ella tiene un valor que más nadie tiene.

Lamentablemente, vemos a mujeres influyendo en hombres casados para que abandonen a sus familias y rompan sus matrimonios. Vemos a mujeres vendiendo sus cuerpos, influyendo en nuestros jóvenes para restarles valor a sus vidas. Igualmente, vemos a mujeres con baja autoestima, amargadas, destruyendo su propio potencial e influyendo negativamente en su futuro.

Yo creo que Dios está levantando una nueva generación de mujeres virtuosas, valiosas e idóneas que van a hacer la diferencia al ejercer la influencia necesaria para traer los cambios positivos que la sociedad necesita. Necesitamos mujeres que influyan en sus esposos para que tomen sabias decisiones profesionales, sean hombres que pongan a su familia por encima de sus profesiones, y vivan con ética y moral. Necesitamos mujeres que se levanten e influyan en sus hijos e hijas para que desarrollen todo el potencial que Dios ha depositado en ellos, y que vivan vidas de testimonio sirviendo a Dios. Necesitamos mujeres que entiendan su valor y desarrollen su potencial al máximo con los dones únicos que Dios ha depositado en ellas.

Capítulo 4

¿Partera o destructora?

¿Partera o destructora?

"La mujer sabia edifica su casa;
mas la necia con sus manos la derriba".

—PROVERBIOS 14:1

L a edificación de la casa está, en gran parte, en las manos de la mujer. Yo pienso que es la mujer quien establece el espíritu que va a dominar en una casa. Por eso hay un famoso refrán americano que dice: "If Momma ain't happy, ain't nobody happy", que en español quiere decir: "Si mamá no está feliz, nadie está feliz".

Cuando vemos a una mujer amorosa, vemos a toda la familia comportarse de esa forma. Si la mujer habla y trata a su familia con delicadeza, buenos modales y consideración, hasta la mascota de la casa se comporta de la misma forma. Igualmente, cuando vemos una mujer rencillosa, amargada o gritona, vemos a toda su familia comportarse igual.

La visión que tiene la mujer acerca de la vida se extiende y reproduce en aquellos con quienes convive. Cuando hay un cambio positivo en la mujer, toda la familia recibe el impacto. Por eso es tan importante estar conscientes de nuestras actitudes. Si vemos la vida con esperanza, nuestra familia completa heredará esa actitud. Si vemos a una mujer vivir feliz, ese estado de ánimo se propagará en toda la familia. Cuando vemos a una mujer esforzada y trabajadora, aquellas motivaciones que la llevan a comportarse así estarán igualmente infundidas en su familia.

Pero la actitud, el estado de ánimo y las motivaciones de una mujer no pueden ser fingidos. Para el beneficio de toda la familia, cada uno de estos aspectos de vida debe ser real y auténtico. La mujer debe mantener la autenticidad de sus sentimientos a la vez que procura proyectarlos a su familia, para no vivir con falsas máscaras. Una mujer transparente con su familia, en cuanto a sus sentimientos se refiere, alcanzará que su familia entera viva esa transparencia y aprenda a trabajar con cada situación positiva o negativa.

Yo quisiera poder decirte que Dios va a bendecir a toda mujer como ella quiere. Quisiera poder decirte que servirle a Dios nos provee una vara mágica que traerá a nuestra vida todo lo que deseemos. Sin embargo, nada más lejos de la realidad. Muchas veces nos vamos a encontrar en situaciones con altos niveles de frustración y desilusión. Aún así, tenemos que entender que Dios nos ha provisto de herramientas para alcanzar todo lo que deseamos. De hecho, la Palabra dice que Dios ya "nos bendijo con toda bendición espiritual en los lugares celestiales" (Efesios 1:3). La pregunta es: ¿Cómo pasamos de una frustración a alcanzar nuestras metas? Una de las formas en la que la mujer puede alcanzar ese objetivo es mediante la edificación de su casa. Se requiere de mucho para edificar una casa. Esto no es algo que sucede de la noche a la mañana. Más bien, día a día se aporta en diferentes aspectos para alcanzar esta gran meta. Pero de seguro, Dios es el ingrediente principal para tener una casa que esté firme. Sin Dios nada podemos hacer. Dios es la roca sobre la cual debemos establecer nuestros hogares. Una mujer que hace a Dios presente en su casa es una mujer que está levantando un muro alrededor de su hogar, utilizando el más fuerte fundamento.

Cuando analizamos las vidas de tantas mujeres que atraviesan situaciones difíciles, nos damos cuenta de que muchas veces han sido ellas mismas quienes se han expuesto y han provocado esas situaciones. Las mujeres no somos seres perfectos. Nos guste o no escucharlo, muchas veces nos equivocamos. Tomamos decisiones que no son las mejores y tenemos que vivir con las consecuencias el resto de la vida.

Desafortunadamente, vemos a mujeres tomar decisiones lamentables desde muy jóvenes. He visto a muchas mujeres aprender a vivir con decisiones fatales y hacerlo con honores. Aún en medio de las peores circunstancias, le servimos a un Dios que nos da la fortaleza, entereza y compostura para seguir adelante y sacar lo mejor de lo peor. He conocido a muchas mujeres expertas en este arte. Mi respeto, aprecio y admiración para todas ellas.

Pero cuando no sabemos manejar nuestras propias frustraciones, muchas veces nos desquitamos con palabras y acciones, con los seres a quienes hemos sido asignadas para bendecir. Una de las cosas que más me preocupa es ver mujeres que constantemente denigran al hombre, especialmente a sus esposos. Peor aún, hay mujeres que no tienen que decir nada negativo de su esposo para que la gente sepa que no están de acuerdo con él. Su propio lenguaje corporal se encarga de delatar aquello que está pasando por sus mentes.

Por alguna razón, hay mujeres que se sienten bien cuando hablan mal del hombre y lo ponen como un ser inferior a ellas. Yo he escuchado hasta predicadoras decir cosas insultantes acerca de los hombres. ¡Eso no puede ser! Nuestra relación con cualquier hombre tiene que estar en orden. Si Dios te puso, como asignación especial, a estar al lado de un hombre para ser ayuda idónea, no es tan sólo porque vas a depositar en ese hombre aquello que más nadie va a depositar. Tú estás ahí para lograr de él aquello que más nadie puede lograr.

Soy muy cuidadosa cuando hablo de mi esposo. Uno de mis enfoques es siempre exaltarlo con mis palabras. Con frecuencia hay personas que se me han acercado luego de haber compartido la Palabra, para decirme específicamente: "Pastora, qué bonito habla usted de su esposo". Sin embargo, no digo cosas positivas de él sólo por decirlas. La verdad es que mi esposo tiene mi respeto y admiración. Me gusta poner énfasis en este punto porque creo que es algo que le falta a muchas mujeres.

He sabido de mujeres que aún a sus hijos les hablan mal de sus esposos. Esto no solamente es un pésimo ejemplo que desafortunadamente sus hijos van a emular en el futuro, sino que no muestra el respeto que debemos tener en el hogar por los padres. Igual que no hay mujeres perfectas, tampoco hay hombres perfectos. Estoy segura de que estás muy consciente de los defectos de tu esposo. Pero eso no significa que todo el mundo tiene que conocerlos, y mucho menos tus hijos.

Es importante que la mujer entienda su valor, que trabaje con su autoestima. Las mujeres necesitan aprender a trabajar con el "qué dirán" e ir por encima de la opinión del mundo acerca de ellas. La mujer necesita aprender a vivir a la altura del valor que Dios depositó en su vida. Sin embargo, no hay necesidad de rebajar al hombre para alcanzar estos objetivos.

En todas partes que hay mujeres que edifican sus casas, vemos maximizadas las capacidades que Dios puso en la mujer. Dentro de toda mujer hay un propósito de restaurar. Cuando un matrimonio está unido, siempre vemos a una mujer sacando de sí todo el valor especial que Dios depositó en su vida, para llevar a ese matrimonio al propósito original que Dios depositó en la pareja. Cuando vemos hijos exitosos, siempre vemos a una mujer depositando semilla incansablemente, motivando y sirviendo a esos hijos, para obtener de ellos lo mejor. Cuando vemos a una iglesia victoriosa, siempre vemos cientos de mujeres dando lo mejor de sí para bendecir y cuidar de otros. De hecho, el 75% de los voluntarios en las iglesias en los Estados Unidos son mujeres.

Mujer, quiero que sepas que nunca debes interpretar como carga tus responsabilidades como mujer para con tu familia, amistades e iglesia. Siempre lo debes interpretar como una bendición. Conozco cuánta carga traen sobre la mujer sus múltiples responsabilidades. Estoy segura de que en más de una ocasión has escuchado frases como: "La jornada de una mujer nunca termina". De hecho, estoy segura de que muchas veces has pensado exactamente lo mismo. Ciertamente el cuidado de la casa, los hijos, el matrimonio y nuestras profesiones requieren cien por ciento en todas las áreas y al mismo tiempo. Las mujeres sienten que hay demasiado qué hacer y muy poco tiempo. La verdad es que decir que dividimos nuestra atención no es acertado. En realidad, damos nuestra atención a todo, todo el tiempo. Es increíble la cantidad de tareas que realizamos al mismo tiempo.

Es un privilegio ser mujer y poder impactar las vidas de tantas personas por medio de la manifestación de nuestro ser. La única razón de por qué tú lo haces es porque tú eres quien tiene las capacidades para hacerlo. Tú has sido escogida por Dios y asignada para bendecir a esas personas a tu alrededor. Esto implica cuán valiosa e importante eres, no sólo para el Señor, sino para tu familia, tus amistades y tu iglesia.

Sólo una madre conoce que el llanto de su bebé lleva consigo unos sonidos especiales que nos permiten interpretar si tienen hambre, sueño o les duele algo. Al escuchar las voces de nuestros hijos, sabemos si están felices o tristes, si están diciendo la verdad o mintiendo. Muchas veces podemos identificar una enfermedad en nuestros hijos aún antes de que se haya presentado algún síntoma.

Una de las maravillas de la lactancia es esa interacción única que tenemos con nuestros hijos. Aún nuestros cuerpos nos indican minutos antes de que se despierten nuestros bebés, que ya es hora de alimentarlos una vez más. Siempre me faltan palabras para expresar lo maravilloso que se comporta el cuerpo de una mujer cuando produce el sustento diario de un bebé.

Las madres tenemos un sexto sentido que nos permite adelantarnos a los tiempos, al igual que conocer que algo está sucediendo aún cuando más nadie lo sabe. Recuerdo en una ocasión estar en nuestra casa. En ese tiempo, sólo teníamos a nuestra hija Joanirie, quien tendría quizás dos años de edad. Estando en nuestra habitación, algo en mi corazón me dijo que la niña se había salido de la casa. Efectivamente. Al caminar a la puerta de la entrada, la misma estaba abierta y ella estaba sentada frente a nuestro garaje jugando con un insecto.

Lo que sintió mi corazón al verla afuera fue tan inexplicable como lo que sentí cuando recibí ese mensaje directo al corazón que me dirigió a buscar a la niña inmediatamente. Por más que trato de explicar ese sentimiento, es algo que hay que vivirlo para entenderlo. Estas experiencias son únicas.

Sólo una esposa conoce cómo motivar a su esposo bajo cualquier circunstancia. Tan sólo con intercambiar una mirada podemos interpretar o transmitir un mensaje completo con nuestros cónyuges. En nuestras manos está, también, el toque que necesita y anhela el compañero con quien compartimos nuestra vida. En la cocina de una esposa están encerrados los secretos de la sazón y el sabor de aquellos alimentos por los cuales seremos recordadas y añoradas, aún cuando nuestros días hayan terminado en esta tierra.

Muchas veces al hablar con Otoniel, puedo identificar qué emociones puede estar experimentando. Al escucharlo predicar, a diferencia de la audiencia, puedo saber si está satisfecho con el mensaje o si quizás siente que no pudo expresar todo lo que el Señor había puesto en su corazón. En más de una ocasión, he sentido en mi corazón que ha recibido alguna instrucción especial de parte de Dios. Y en efecto, cuando le hago el acercamiento y le pregunto, siempre hay algo especial que comparte conmigo.

Dentro de ti está el poder para desatar y manifestar el destino de las personas que Dios ha asignado a tu vida. En el análisis de tus relaciones con todas esas personas, me veo obligada a preguntarte: ¿Eres una partera o una destructora?

Ve conmigo a Éxodo 1:15-21:

"Y habló el rey de Egipto a las parteras de las hebreas, una de las cuales se llamaba Sifra, y otra Fúa, y les dijo: Cuando asistáis a las hebreas en sus partos, y veáis el sexo, si es hijo, matadlo; y si es hija, entonces viva. Pero las parteras temieron a Dios, y no hicieron como les mandó el rey de Egipto, sino que preservaron la vida a los niños. Y el rey de Egipto hizo llamar a las parteras y les

dijo: ¿Por qué habéis hecho esto, que habéis pre-
servado la vida a los niños? Y las parteras respon-
dieron a Faraón: Porque las mujeres hebreas no
son como las egipcias; pues son robustas, y dan
a luz antes que la partera venga a ellas. Y Dios
hizo bien a las parteras; y el pueblo se multiplicó
y se fortaleció en gran manera. Y por haber las
parteras temido a Dios, él prosperó sus familias".

La Biblia nos muestra la historia de estas dos mujeres lla-
madas Sifra y Fúa, cuyo llamado era asistir en los partos a
las mujeres. No se conoce mucho de ellas, sólo sus nombres.
No conocemos nada de sus historias ni de sus familias, ni
el contexto en el que vivían. De ellas solamente conocemos
su profesión.

Faraón les ordenó que mataran a todos los varones hebreos
recién nacidos. Muchas personas piensan que ellas eran egipcias, otras piensan que eran hebreas. Personalmente creo que
eran egipcias porque difícilmente el Faraón iba a buscar a
una mujer hebrea para que aniquilara a todos los de su raza.

Para nosotras esto es inmaterial. Tan sólo una cosa es
importante entender. Ambas tenían un trabajo especial por
el cual fueron identificadas por Faraón. Como parteras,
tenían que asistir a otras mujeres en probablemente la labor
más fuerte, especial y demandante que experimentaban las
mujeres a quienes les rendían sus servicios.

Sifra y Fúa fueron mujeres valientes que se atrevieron a
hacer lo que quizás nadie más se había atrevido a hacer.

Faraón les solicitó que aniquilaran la vida de todo niño varón que vieran nacer. Sin embargo, Sifra y Fúa desobedecieron a Faraón indiscriminadamente y decidieron preservar las vidas de aquellos varones. Ambas tenían las razones correctas para arriesgarse de la manera que lo hicieron. Fueron mujeres inteligentes que temían a Dios sobre todas las cosas. Eso está claramente establecido en el verso 21.

El pueblo de Israel se multiplicaba, aumentaba y era fortalecido al extenderse por toda aquella tierra. Para Faraón, esto representaba una amenaza. El aumento en el pueblo podía implicar que los hebreos podían levantarse en contra de sus amos. Los egipcios se habían dado cuenta de que aquel pueblo hebreo era más numeroso y más fuerte que ellos.

El pueblo hebreo era oprimido constantemente por los egipcios. Los oprimieron con tributos, comisarios y con mayores cargas de trabajo. Los hacían servir con dureza. Los egipcios buscaban cómo ponerles cargas en el trabajo y obligarlos a producir más con menos instrumentos. Sus vidas eran amargadas por causa de la ardua labor, y el servicio al que eran obligados. Los egipcios avasallaron a los hebreos en su esclavitud. Aún por encima de sus labores y la forma en que se esforzaban con limitados recursos, los hebreos seguían multiplicándose. Había una fuerza en aquellos hombres y mujeres que Faraón intentaba detener a toda costa.

Así que Faraón creó un plan maquiavélico y ordenó a estas dos mujeres aniquilar el futuro del pueblo hebreo. Fíjate cuán especial es Dios, que las parteras a las que Faraón asignó ejecutar el plan de muerte, eran mujeres que tenían temor de Dios. ¡Algo sabe hacer Dios! Dios sabe posicionar gente en los lugares correctos para que puedan servir en el momento correcto.

Dios es experto posicionando mujeres en lugares específicos. En la Biblia, siempre vemos mujeres posicionadas en lugares estratégicos, siendo iluminadas por Dios para servir, y usadas para propósitos divinos. Por eso siempre he pensado que en la manifestación de la mujer, Dios no solamente le estaba proveyendo ayuda idónea a Adán. Creo con todo mi corazón que al crear y manifestar a la mujer, Dios se estaba creando ayuda para sí mismo. La mujer que entiende su propósito entiende que somos instrumentos al servicio de Dios para bendecir.

En los tiempos de rey Asuero, había una doncella huérfana que era de hermosa figura y buen parecer. Ésta había sido cuidadosamente preparada y capacitada. Cuando el rey estaba buscando sustituir a la reina Vasti, esta doncella agradó al rey por encima de otras y fue escogida por él. Ester se convirtió en la nueva reina, pero guardaba un gran secreto. Su pueblo y su parentela eran un secreto que había sido ordenada a guardar. Ester se convirtió en la nueva reina, pero guardaba un gran secreto que había sido ordenada a guardar: su pueblo y su parentela. Cuando su pueblo estaba sufriendo luto, lloro y dolor por causa de un decreto de muerte, la doncella tuvo que levantarse a favor de ellos y milagrosamente sirvió como instrumento divino para salvar la vida de todo aquel pueblo. Fue Dios quien puso a Ester en la casa del rey, para preservar la vida de todo el pueblo de Israel.

Cuando dos espías habían sido enviados por Josué a Jericó a reconocer la tierra y aquella ciudad, éstos posaron en casa de una ramera llamada Rahab. El rey fue dado aviso de la visita de los espías y mandó a Rahab a que sacara a los espías de su casa. Pero ella facilitó la misión de aquellos espías, al esconderlos. Inteligentemente, Rahab logró desviar a los enviados por el rey. Con astucia compartió información valiosa y facilitó la misión de los espías. Gracias a su contribución, Josué pudo dirigir al pueblo y tomar la ciudad de Jericó. Fue Dios quien puso a Rahab en las puertas del muro de Israel, para dar acceso a aquellos hombres.

Luego de cuatrocientos años de silencio, las profecías que hoy leemos en el Antiguo Testamento clamaban desde lo más profundo de la tierra. Y Dios decidió hablar a la vida de una joven virgen para poner en marcha su plan divino de redención para este mundo. Fue así como María concibió al Salvador de la humanidad. ¿Crees que María era la única mujer virgen en aquel pueblo? Si ella era la única virgen que había en ese pueblo, la cosa entonces estaba peor de lo que podríamos pensar. María fue escogida y posicionada por Dios para aquella gran misión.

Así mismo como vemos a Ester, Rahab y María ser posicionadas y escogidas por Dios, vemos hoy día mujeres que son asignadas a un tiempo y un lugar para cumplir con misiones divinas específicas. Dios siempre tiene a la mujer correcta en el lugar correcto. Todo tu tiempo de preparación y separación te dará las herramientas que necesitas para manifestar su plan divino en tu vida y en las de aquellos que Él te asignó. Una mujer que teme a Dios se convierte en el arma secreta que Él va a utilizar en el momento correcto, a la hora correcta y con el propósito correcto.

Tú tienes que entender que si tú eres una mujer que teme a Dios, Dios te va a usar en algún momento. Todos tenemos mujeres que Dios ha utilizado para bendecirnos. ¿Cuántas recordamos con nostalgia a una maestra que nos cuidó y ayudó a dar esos primeros pasos? Algunas hoy, como mujeres adultas con sus propios hijos, cuentan con el apoyo, guía y cuidado de una madre, una tía o una abuela para facilitar el camino de la crianza de sus hijos. ¿Cuántas mujeres profesionales cuentan con la guía y las experiencias de una mentora, y por ello han logrado éxito y promoción en sus campos laborales?

De la misma forma que Dios te ha bendecido con alguna mujer en tu vida, Dios quiere usarte a ti para bendecir a alguien. Dios siempre usa personas. Todos podemos dar testimonio de mujeres que Dios posicionó para traer liberación en diferentes áreas de nuestras vidas. Todo lo que Dios necesita para usarte es que tú le temas, le sirvas a Él, y estés dispuesta a hacer lo que te pida en el momento que Él te lo pida.

El llamado de Faraón para estas mujeres era irracional e ilógico. El propósito de ellas, como parteras, no era matar, sino ayudar a traer a la vida. Faraón representa aquello que quiere ir en contra de nuestro instinto, nuestra naturaleza, nuestro propósito y nuestra razón de ser. Estoy segura de que puedes identificar varios faraones en tu vida, que se han levantado en tu contra y han intentado aniquilar tu propósito y tu llamado. Hay faraones que se levantan en contra de nuestros matrimonios, nuestros hijos, nuestras profesiones y nuestros llamados divinos. Faraón les pidió a dos mujeres que fueran en contra de su naturaleza moral y física, y de su misión de facilitar vida al asistir a una mujer durante el parto.

La partera tiene que saber cómo nace un bebé, para poder asistir a otra persona en ese momento. Tiene la ciencia para cumplir con esa misión que literalmente puede representar la vida o la muerte, no tan sólo de la criatura que verá la luz del día por primera vez, sino también la de su madre. En su manifestación de propósito, la partera ayuda a propagar vida. La partera representa lo que facilita el propósito, y ayuda a dar a luz aquello que hemos cargado dentro de nosotros. Cuando nos convertimos en parteras, facilitamos vida y propósito. Es por esto que la manifestación del propósito de las personas que Dios ha asignado a nuestras vidas está conectada a nuestra propia manifestación y liberación. Nuestro llamado a manifestarnos es el entrenamiento que necesitamos para asistir a otros en esa misma manifestación.

Muchas veces tomamos decisiones que van en contra de nuestro propio instinto femenino porque nos dejamos llevar por la influencia del faraón y las cosas del mundo. Leemos una revista que dice que "si tú castigas al hombre y lo pones a dieta por un mes, lo vas a tener de rodillas haciendo lo que tú quieras" (usted debe entender a qué clase de dieta me refiero, que no es de alimentos).

Sin embargo, 1 de Corintios 7:5 nos dice:

> *"No os neguéis el uno al otro, a no ser por algún tiempo de mutuo consentimiento, para ocuparos sosegadamente en la oración; y volved a juntaros en uno, para que no os tiente Satanás a causa de vuestra incontinencia".*

Le hacemos caso a consejos mundanos que van en contra hasta de la misma Palabra de Dios, como si la sabiduría del mundo estuviera por encima de la sabiduría de Dios. El mundo siempre nos va a ofrecer una enseñanza contraria a lo que nosotras como cristianas entendemos en nuestro espíritu que es lo correcto; a lo que la Palabra misma nos instruye y lo que debemos hacer.

Lo que hizo diferentes a estas mujeres es que le temían a Dios, se convirtieron en su arma secreta y le permitieron que las utilizara y las pusiera en el lugar correcto. Toda mujer posicionada por Dios para una misión es un instrumento para bendición, siempre y cuando esa mujer tenga la sabiduría de ejecutar según ha sido instruida. Sifra y Fúa pudieron haber dicho: "No, yo no voy a hacer eso", y Faraón las hubiera eliminado en ese momento, sin darles la oportunidad de cumplir su propósito.

Sifra y Fúa fueron muy sagaces al escoger su estrategia de trabajo. No irían en contra de su instinto y propósito. Sabrían hacerlo de la forma en que más vidas pudieran preservar, aunque esto significara ir en contra de Faraón y arriesgar su propia vida. Tuvieron la capacidad de no aniquilar el propósito de Dios con el pueblo hebreo. Se convirtieron en verdaderas parteras, no tan sólo en el sentido natural, sino también en el profético, como enviadas y guardadas para aquel momento histórico de la humanidad.

Muchas veces abortamos nuestro propósito por ir en contra de nuestra propia naturaleza. Cuántas mujeres dicen: "Estoy cansada de este trabajo, yo quisiera tener mi propio negocio, quisiera hacer otra cosa". Quizás por su temor o por escuchar las estadísticas del mundo, siguen haciendo aquello que ya no está en su naturaleza ni en su corazón, y no guarda relación con la manifestación de su destino. Desafortunadamente, terminan pensando que es mejor tener ese cheque seguro todos los meses, sin pensar que desarrollando su propia empresa pueden bendecir a muchos y ayudarlos a manifestar su destino.

Cuántos hombres habrán querido tener su negocio, hacer algo especial, mudarse o poner a funcionar nuevas ideas, y la que debió haber sido su partera y ayuda idónea, y haber asistido en dar a luz ese sueño, tal vez fue quien lo aniquiló por causa de sus temores y falta de dirección divina. Muchos hombres con grandes potenciales están atados porque sus mujeres están muy por debajo de su nivel de conciencia.

Simplemente no están dispuestas a esforzarse con ellos para moverse a una posición diferente.

Cuántas de nosotras conocemos los sueños de nuestros hijos y, en lugar de ser parteras de su manifestación, aniquilamos esos sueños, sin malas intenciones. Muchas veces lo hacemos para protegerlos. Cuántos de ellos dicen que quieren estudiar carreras muy sacrificadas como ingeniería, medicina o leyes, y en vez de motivarlos a estudiar, les decimos: "¿Por qué no estudias algo más sencillo, más tranquilo, que requiera menos sacrificios?". Muchas veces son las propias madres quienes ponen limitaciones en sus hijos, ya sea por no exponerlos a un fracaso o porque les cuesta trabajo creer en ellos.

Todo en la vida requiere grandes sacrificios. La partera es la que está ahí para proveer asistencia y ayuda al que está postrado con dolores, pujando para desatar y traer a la vida aquello que ha estado almacenado el tiempo indicado, y ya necesita salir.

Tu llamado como mujer es dar a luz. Como mujeres, tenemos el entendimiento de lo que es dar a luz y ésa es una de nuestras funciones como ayuda idónea, no tan sólo de nuestros esposos, sino de nuestras familias y para con nuestro Dios. En ti necesita desarrollarse la conciencia de que al ser usada por Dios, las personas que sean asignadas a tu vida necesitarán a una partera que quizás haya experimentado en carne propia el estar postrada con dolores, y con propósito a punto de ser revelado y traído a la luz. Dios necesita parteras divinas y no aniquiladoras.

Cuando reconocemos que tenemos un llamado de dar a luz y ser partera de sueños, entendemos nuestro propósito divino de ayudar a otros a parir los suyos. Nunca te preguntes: "¿Por qué estos hijos me tocaron a mí?". La realidad es que sólo tú podías darlos a luz, guiarlos y llevarlos a parir sus sueños.

Muchas otras mujeres se han preguntado: "¿Por qué estoy al lado de este hombre?". Sencillamente, tú eras la única que podía entenderlo, cuidarlo y ayudarlo a parir sus sueños.

¡Mujer! Dios te ha llamado a dar a luz, parir sueños y ayudar a los tuyos a parir sus sueños. La educación que tú les das a tus hijos es para facilitar que ellos puedan dar a luz sus sueños. Todo el cuidado que tienes para tu esposo es para facilitar que él pueda dar a luz sus sueños. Muchas veces las mujeres no entienden cuán importante es su trabajo en la iglesia. Cada vez que trabajamos con familias, cada vez que se restaura un matrimonio, se le quita poder a Faraón de robar, aniquilar, matar y destruir.

Por causa de Sifra y Fúa haber temido a Dios, asistido a aquellas mujeres y preservado la vida de aquellos recién nacidos, Dios prosperó sus casas. Por causa de tu esfuerzo, trabajo, sacrificios y tu asistencia como partera de aquellos asignados a tu vida, Dios va a tener cuidado especial de ti y de los tuyos. El trabajo que realizamos como partera viene acompañado de recompensa del cielo. Tu recompensa está en las manos de Dios. Solamente tienes que permitir que Él te use como instrumento divino para dar a luz propósito y destino en aquellos que Él ha puesto en tu vida.

Capítulo 5

Creatividad para dar a luz

Creatividad para dar a luz

A nteriormente te dije que Dios posiciona a la gente correcta en el lugar correcto. Tenemos que entender que para un pueblo tan grande tenía que haber otras parteras. Sin embargo, estas dos mujeres fueron escogidas por Faraón, pero posicionadas por Dios porque poseían cualidades muy específicas para alcanzar el propósito de Dios.

Sifra era la primera de esas parteras escogidas por Faraón, pero posicionadas por Dios. El nombre de Sifra significa "aquella que tiene la capacidad de hacer las cosas con mayor creatividad y mayor entendimiento". El significado del nombre de esta mujer trae revelación en cuanto a una de las características que debemos poseer en nuestra vida si verdaderamente deseamos servir a Dios como parteras. Al ver este significado, podemos entender que Dios no posiciona a cualquiera. Más bien escoge de acuerdo a la necesidad, y capacita con dones especiales. ¡Mira si Dios sabe a quién posiciona!

Cuando Faraón habló con las parteras, estoy segura de que procuró hablar con aquellas que él entendía que tenían la capacidad de realizar la funesta asignación que se les daría. El objetivo de Faraón estaba muy claro. Aquel pueblo representaba una amenaza para su reinado y no podía permitirse escoger a la persona incorrecta para una misión tan bien pensada. Así que entre todas las parteras de aquel tiempo, una de las escogidas es Sifra, es decir, la que poseía una característica especial llamada creatividad. Faraón envía a una mujer como Sifra en una misión de muerte para todos los recién nacidos varones hebreos. Cuando Faraón escogió a Sifra para esta tarea, debió haber sido porque ella poseía unas capacidades especiales para llevarla a cabo.

La intención de Faraón era que Sifra utilizara su capacidad y su creatividad para cumplir con aquella misión. El potencial de Sifra, por causa de su don especial de creatividad, era ilimitado y servía majestuosamente para la misión que Faraón asignaría a su vida. Faraón pensó que aquella mujer creativa e inteligente podría engañar a las hebreas mientras daban a luz a sus hijos. Seguramente Faraón pensó que Sifra se encargaría de hacerles creer a aquellas mujeres hebreas que sus hijos habían nacido muertos. Y esta mujer creativa tenía muchas formas de cumplir con esta misión. Probablemente, Faraón pensó que se requería de creatividad para simular complicaciones en el parto o inventar accidentes casuales para dar muerte a aquellos niños.

Pero de la misma forma en que Faraón estaba tan seguro de las capacidades de Sifra, llegó el momento en que tuvo que dudar de lo que estaba haciendo. Era inaudito para Faraón que, con las capacidades de Sifra, aumentara el número de nacimiento de varones. Así que Faraón llegó a la conclusión de que Sifra no había seguido sus instrucciones, la mandó a llamar y le preguntó por qué había preservado la vida de los niños. Faraón sabía que con las capacidades de aquella mujer, ella no debía tener problema en cumplir su misión, y seguramente estaba haciendo lo contrario. Cuando Faraón cuestiona la integridad de Sifra en la misión que él le había asignado, ahí nos deja saber verdaderamente la confianza que tenía Faraón en las capacidades de esa mujer.

"Y las parteras respondieron a Faraón: Porque las mujeres hebreas no son como las egipcias; pues son robustas, y dan a luz antes que la partera venga a ellas".
—Éxodo 1:19

Sifra escogió creerle a Dios. Su temor y servicio a Dios iba por encima de su temor y servicio a Faraón. En lugar de poner su creatividad a funcionar a favor del enemigo, aniquilando las vidas de los niños al obedecer a Faraón, decidió poner esa misma creatividad a trabajar para Dios y facilitar las vidas de esos varones. Muchas veces nos encontramos ante exigencias de parte del mundo, pero por causa de nuestra relación con Dios, obviamos completamente esas alternativas y nos mantenemos firmes haciendo lo correcto ante Dios.

Una partera de sueños requiere de la naturaleza de Sifra; requiere creatividad. La creatividad es un don muy activo en la vida de la gran mayoría de las mujeres. Muy equivocadamente adjudicamos la creatividad solamente al uso de las artes. Pintar un cuadro, escribir poemas o una obra, decorar una habitación…son actos que asociamos automáticamente con la creatividad. Pero es necesario entender que estos actos no son exclusivos en cuanto a creatividad se refiere y que existen muchas otras formas de expresar creatividad.

La creatividad es mucho más que eso y va más allá. La creatividad es, por definición, la capacidad de hacer algo de la nada. La creatividad enfrenta los retos que detienen el desarrollo y la realización de cualquier proyecto o actividad. Ante una situación, usar la creatividad te libra de darte por vencida. Se dice que "no hay problema sin solución". Las personas que se rinden no dan espacio en su vida a que la creatividad encuentre las soluciones.

Una partera requiere creatividad. No todos los partos se producen espontáneos y sencillos. Durante un proceso de parto, puede surgir una gran cantidad de complicaciones.

Una de esas complicaciones es el parto prematuro, el cual sucede cuando se da a luz antes de las treinta y siete semanas de gestación, lo cual provoca un alto riesgo de muerte neonatal. Una de mis hijas nació prematura y tengo que decir que su desarrollo ha sido idéntico al de sus hermanas que fueron partos a término. Ciertamente, los cuidados que recibió al nacer fueron diferentes y damos gracias a Dios porque aún en medio de lo que pudo ser un severo problema en el pasado, hoy lo experimentamos con mayor facilidad y mayores probabilidades de vida.

Otra complicación es la ruptura prematura del saco que contiene el líquido amniótico, lo cual puede provocar un alto riesgo de infección para la madre y el bebé. La tecnología hoy día permite hacer intervenciones quirúrgicas para detener ese desgarramiento y alargar el embarazo.

La mala presentación del feto, es decir, cuando se presenta de trasero con las nalgas y las piernas saliendo primero o cuando se presenta transversalmente, es otra complicación. Esto no necesariamente significa que el nacimiento será por medio de cesárea. Las madres que hemos pasado por la experiencia de tener partos naturales no podemos ni pensar en que se desarrolle una situación tan difícil como ésta, pero a través de la historia, miles de mujeres han superado esta situación y han logrado dar a luz a sus hijos.

Otras complicaciones surgen cuando se presentan partos múltiples, es decir, gemelos, trillizos y hasta cuatrillizos.

Una partera debe tener la capacidad de reconocer y detener las características de toda complicación de parto. Las señales de advertencia de cada amenaza son múltiples, y requieren de ciencia y sabiduría para trabajarlas efectivamente. Pero más allá de identificar los síntomas, hay que poder trabajar y detener todo aquello que vaya en contra de las vidas de esa madre y la criatura que está en su vientre.

Hoy, gracias a la tecnología y los avances científicos, tenemos acceso a información que nos indica cada complicación que puede enfrentar una mujer y su bebé en un parto. Pero en el tiempo en que Sifra era partera no había libros, no había referencia médica, ni mucho menos data científica para trabajar con semejantes complicaciones. Hoy, gracias a los sonogramas, podemos prácticamente ver a nuestros hijos en nuestro vientre. La tecnología 4D nos permite hasta identificar rasgos específicos de sus facciones y toda la constitución corporal que se está desarrollando dentro de nosotras.

Pero en los tiempos del libro de Éxodo, no había estos avances tecnológicos. El trabajo se hacía muy diferente a como se realiza ahora. Sifra tenía que ser una mujer sumamente inteligente para tener semejante profesión. Definitivamente, tenía que ser muy efectiva en su trabajo, pues claramente la Biblia nos muestra que la tasa de mortandad en sus partos era tan baja que llamó la atención del propio Faraón.

Cada complicación experimentada y superada por Sifra en sus labores de partera añadía una riqueza a su currículo. Cada experiencia añadía una nueva idea a la vida de Sifra, para que su creatividad estuviera a favor de las vidas de aquellos niños. Ésa era su naturaleza y eso era lo que Dios le había asignado a hacer por profesión.

Sifra era la mujer que cuando el bebé venía con el cordón umbilical enredado en el cuello, se encargaba de arreglar el asunto. De seguro que tuvo que haber visto uno que otro niño viniendo no de cabeza, sino al revés, y aún así logró hacer que nacieran. Ella en su creatividad se encargó de que naciera cada uno de esos niños de todas maneras, sin ciencia, sin medicina, sin doctores, sin sonogramas, sin cesáreas. Sifra, en su naturaleza y por definición, era la que se encargaba de cambiar y transformar las cosas de alguna manera, para que aquellos niños nacieran. Mientras el mundo decía: "¡Mátalos!", el temor al Señor le decía: "¡Déjalos vivir!". Y de lo más íntimo de su ser surgían los medios para completar esa asignación divina.

La mujer que tiene la capacidad, como decimos los puertorriqueños, de "sacarse las cosas de la manga", de inventárselas de alguna manera, ésa es una partera como Sifra. Cuántas historias conocemos de mujeres que con recursos extremadamente limitados se las inventan para suplir alimentos a toda la familia... o que con su creatividad le hacen creer a sus hijos que en ellos hay talentos que otros no ven a simple vista.

En el 1994, se llevó a la pantalla grande una película titulada *Forrest Gump*. El personaje principal, *Forrest*, tenía una madre que jamás le habló de sus limitaciones, una de ellas su bajo nivel de inteligencia. Más bien fomentó en él desarrollarse al máximo en medio de circunstancias muy particulares. A través de toda la película, vemos a *Forrest* formar parte de muchos momentos históricos, en su mayoría accidentalmente. Y aunque todos a su alrededor veían su falta de inteligencia, *Forrest* nunca se limitó para alcanzar todos y cada uno de sus sueños. La madre de *Forrest*, aunque no pudo ver todos los logros que su hijo alcanzó, ciertamente hizo el trabajo de no infundir en su hijo las limitaciones que el mundo quiso imponerle, y creyó a ciegas que en él estaba la capacidad de desarrollarse al máximo.

La creatividad de la mujer no está limitada al arte. Igual de creativo es cuidar a un niño, que preparar la clase de la escuela dominical o coordinar un banquete para la boda de una amiga. Las mujeres usamos la creatividad todos los días de nuestra vida. Es algo que hacemos naturalmente. Muchas personas piensan que en ellos no hay creatividad. Sin embargo, la vida completa no es otra cosa sino un proceso de transformación que lleva la firma de cada uno de nosotros como la de un pintor, autor o artista.

Algo tan sencillo como vestirse requiere creatividad. La vestimenta de la mujer es una de las expresiones de creatividad que mostramos ante el mundo todos los días. El uso de los accesorios, el arreglo del cabello, la aplicación del maquillaje apropiado son expresiones de creatividad. Si le diéramos el mismo vestido negro a cinco mujeres, te garantizo que cada una lo utilizaría de una forma diferente para distintas actividades porque todas tienen la capacidad de hacerlo lucir bien y apropiado. Una de las cosas que distingue mi manera de vestir es maximizar la variedad en el uso de mi ropa. Antes de escoger una pieza, me aseguro de que pueda usarla para diferentes ocasiones y en diferentes combinaciones.

Igualmente admiro a muchas mujeres cuyo estilo de vestir no solamente me parece exquisito, sino también original e innovador. Una tendencia que tenemos muchas mujeres es a observar detenidamente la manera de vestir de otras mujeres. Muchos interpretan que esto lo hacemos para criticar. Nada más lejos de la realidad. La verdad es que en su mayoría lo hacemos para crear ideas. Muchas veces he visto un recorte de cabello, una forma especial de aplicar cualquier artículo de maquillaje, o accesorios únicos que más adelante he procurado imitar en mi propio vestir.

Hace muchos años adquirí de una artesana puertorriqueña llamada Mayte, un collar que he utilizado una y mil veces. Ya he perdido la cuenta de la cantidad de veces que me han parado otras mujeres en la calle para admirar esa pieza única.

Igualmente, me sucede mucho con mis zapatos. Como a muchas mujeres, me encantan los zapatos. Le doy gracias a Dios que mi esposo es igual que yo en ese sentido. Muchas veces adquiero zapatos que otras mujeres no se atreven a comprar porque piensan que apenas les van a dar uso. Sin embargo, ésos son los zapatos que constantemente completan mi guardarropa y generalmente a los que más uso les doy.

Cuidar a un niño requiere creatividad. Entender lo que necesita un bebé que todavía no hace uso de palabras para expresar sus deseos requiere creatividad. Empacar un bulto para salir, que tenga cubiertas todas las posibles necesidades del día, requiere creatividad. Tener los sentidos alertas para cuidar a un niño, de manera que no sufra accidentes ni se pierda, requiere muchísima creatividad.

Cuando tenemos un bebé en el auto y estamos conduciendo, uno de los momentos más difíciles es cuando comienza a llorar. ¿Cómo calmamos su llanto? Utilizando la creatividad. Puede ser que comiences a cantar una canción. Es posible que distraigas su atención con un juego.

¿Qué me dices de las maniobras que hacemos las madres para que nuestros hijos tomen una medicina o consuman sus alimentos? Cantamos, bailamos, aplaudimos… hacemos lo que sea para motivar a nuestros hijos a comerse sus alimentos o tomar sus medicinas. A mi hija Jenibelle le encanta que la aplaudan. Cuando ya le quedan pocos bocados en su plato y no quiere comer más, esos últimos son impulsados por los aplausos de papá, mamá y sus hermanas. Inclusive a veces innovamos en nuestra manera de servir esos alimentos y medicinas, solamente para llamar su atención sobre aquello que probablemente no haría si no fuera por el uso de nuestra creatividad.

Nuestros trabajos cotidianos como profesionales, madres y esposas requieren mucha creatividad para combinar nuestras funciones y ser efectivas al mismo tiempo. Una mujer que llega al hogar luego de una jornada de trabajo de ocho horas, y mientras cocina, atiende a los hijos para que estudien, es una mujer creativa.

La cocina es una de las actividades diarias que requiere un gran uso de creatividad. Preparar desde el plato más sencillo hasta el más complicado requiere creatividad. Cuando nos falta algún ingrediente o sencillamente queremos hacer una variación de algo que preparamos de una forma en específico, todo lo que tenemos que hacer es poner a funcionar esa creatividad que está dentro de nosotras.

Siempre recuerdo que cuando Joanirie y Janaimar eran pequeñas, la mayoría de nuestros juegos eran inventados por nosotras mismas. Ya son adolescentes y a veces me piden jugarlos. Cada juego tenía su propósito específico. Durante toda la vida de nuestras hijas, Otoniel y yo hemos sido pastores. Ellas han estado expuestas a muchas personas. Para nosotros es muy importante que les conozcan, sepan sus nombres y cómo las personas están relacionadas entre sí. Nos inventamos un juego en el cual nosotros describíamos la persona y ellas tenían que mencionar su nombre. Si decíamos: "¿Cómo se llama la hermana mayor de tu mamá?", tenían que decir: "Brenda". Lo hacíamos así para que ellas comenzaran a asociar a las personas unas con otras.

Ése es un ejemplo sencillo. La mayoría de las veces se lo complicábamos. A la pregunta de: "¿Cómo se llama la segunda hija del tío del guitarrista de la iglesia?", ellas conocían la respuesta. A veces al salir de la iglesia, mientras Otoniel y yo pasábamos lista de la congregación y comentábamos a quién no habíamos visto, ellas nos daban el estatus de cada uno. Recuerdo en una ocasión que preguntamos por una persona y Joanirie, nuestra hija mayor, cuando tenía como seis años, nos dijo: "Mamá, yo hablé con la hermana del papá y es que tienen una tía enferma en Nueva York y fueron a visitarla. No te preocupes, todo está bien, regresan en dos semanas".

Para enseñarles los colores, uno de los juegos que inventamos era que Otoniel o yo decíamos un color mientras íbamos en el auto y ellas tenían que identificar una cantidad de autos de ese color. La primera que identificaba esa cantidad ganaba el juego.

Cuando estas parteras enfrentaban un problema en medio de un parto, Sifra se levantaba a utilizar su creatividad para evitar la pérdida de aquella vida que estaba en sus manos. De la misma forma, la mujer que es partera y no aniquiladora necesita usar su creatividad a favor de los suyos. Alrededor tuyo hay sueños, hay personas que desean alcanzar metas y necesitan a una partera que ponga su creatividad a funcionar a favor de ellos. Tu esposo, tus hijos, tu familia o tu iglesia están esperando por tu creatividad para que sus sueños puedan manifestarse.

Hay muchas mujeres que sienten presión en sus familias, y ciertamente existe una carga que recae sobre ellas. No obstante, la carga en el mundo natural es una cosa y otra es lo que percibimos en el mundo espiritual. Cuando invierto tiempo con mis hijas compartiendo acerca de sus sueños, muchas veces siento esa carga espiritual en mi cuerpo físico. Es como una presión que no se puede describir con palabras, que nos dice: "Tienes que hacer más para que estos sueños se cumplan". Y, ¿qué no hace una madre por sus hijos?

Esas conversaciones con mis hijas no tienen la dinámica de que ellas estén reclamando irracionalmente algo de mí. En ningún momento ellas están diciendo: "Mamá, tienes que hacer esto… o aquello". Nada más lejos de la verdad, pero al escucharlas entra el sentido de responsabilidad en mi vida. Por eso se siente como un reclamo o una demanda, aunque no lo sea.

Tú tienes que entender que lo que sientes que tu familia te reclama, natural o espiritualmente, no son tan sólo esos sueños que laten en el mundo espiritual buscando manifestarse. La responsabilidad que sientes es porque además de esos sueños latiendo, existe una necesidad. Me refiero a esa necesidad que tiene tu familia de que tú seas su agente liberador. Esa presión o carga de la que hablo es la razón por la que ellos te necesitan. Eres tú quien tiene que usar toda tu creatividad, todas las ideas, todo lo que está dentro de ti, para cambiar las cosas y transformarlas.

Tú eres la mujer que siempre puede resolver la emergencia más trivial. Ante cada situación, la mujer creativa tiene una respuesta.

-¡Ay! Se me partió la uña.

–No te preocupes, yo tengo aquí una pega especial que no te va a dañar el esmalte.

-¡Ay! Tengo dolor de cabeza.

–Toma estas dos pastillas.

-¡Ay! Mira lo que me pasó, se me dañó el traje.

-¡Toma, cóselo!

Pero no debes limitarte a esas trivialidades que ciertamente resuelven situaciones. Expande tus horizontes y comienza a darle vuelo a tu imaginación, para que de la misma forma en que tu familia cuenta contigo para las trivialidades, también pueda contar para alcanzar sus más complicados sueños.

Una mujer creativa es la que siempre está preparada y hace la diferencia en la vida de cualquiera que tenga cerca. Pero tienes que entender que tu creatividad no está limitada por tiempo y espacio. Tienes que observar, escuchar y recibir todos los recursos que están a tu alrededor, asimilar la información y dar lugar a la creación de posibilidades.

La mujer creativa es una mujer intelectual que hace uso de sus pensamientos para activar su creatividad. No hay pensamiento demasiado alocado que no pueda ser considerado para alcanzar una meta. Los grandes problemas del mundo se han resuelto con grandes pensamientos innovadores que retaron el intelecto y produjeron alternativas viables para facilitar una solución.

La mujer creativa pone a funcionar sus conocimientos. Cada experiencia adquirida en diversas facetas se almacena como conocimiento para ser extraído ante diferentes situaciones en el futuro. El conocimiento adquirido de experiencias pasadas se puede convertir en un banco de referencia a ser usado espontáneamente en el futuro.

La mujer creativa produce, recibe y pone a trabajar ideas. Una idea siempre es producto de creatividad en función. Las ideas no se detienen por limitaciones físicas o por falta de precedente. Más bien, las ideas procuran innovar y crear precedentes jamás considerados.

La mujer creativa adquiere destrezas. Me sorprende conocer mujeres que detienen su creatividad por la falta de destrezas básicas que toda mujer debe poseer. Veo mujeres decir con alta estima que no saben cocinar, como si eso fuera un logro cuando en realidad es un fracaso de realización. Toda mujer debe poseer conocimientos básicos como cocinar, coser, conducir un auto, hablar otro idioma, usar una computadora, saber de tecnología, tocar un instrumento musical, sólo por mencionar algunos. Cada oportunidad de adquirir una nueva destreza debe ser aprovechada al máximo.

Dios nos ha bendecido al darnos una tienda de ropa para niños en el centro comercial más grande de todo Puerto Rico. Una de nuestras especialidades en la tienda es precisamente la ropa de canastilla. Cada vez que hago compras para la tienda, cada una de las artesanas que suple esos artículos especiales me sorprende con combinaciones y aplicaciones únicas de sus conocimientos y su arte, que de seguro quedarán guardados para siempre en las memorias de las familias que visten a sus hijos para una ocasión especial. Es impresionante ver la cantidad de cosas que se pueden hacer con algunas telas y terminaciones. Cada vestido es único. A veces paso tiempo tan sólo observando cada vestido y los detalles que lo hacen diferente.

La mujer creativa no se limita a sus percepciones de la vida. Más bien la mujer creativa procura ampliar su percepción, al ver la vida a través de los ojos de aquellos a quienes ha sido llamada a desarrollar. Cuántas historias conocemos de mujeres a quienes les ha faltado el sustento y algún arte sencillo como hacer galletas, coser o la joyería suplieron la necesidad inmediata de su familia.

En nuestras actividades de damas, siempre me gusta darles la oportunidad a las mujeres a que exhiban sus creaciones. A veces tenemos diez exhibidoras de prendas y todas tienen creaciones diferentes y hermosas. Desde las más sencillas hasta las más complejas, todas siempre reciben la admiración de las presentes y logran promover sus artes para generar ingresos para sus familias.

La creatividad es producto de una actitud diferente ante la vida. Esta actitud está caracterizada por la búsqueda de alternativas, cambios y transformación a las situaciones presentes. La creatividad siempre surge a consecuencia de cuestionamientos a las realidades que tenemos delante de nosotros mismos. Ese cuestionamiento propicia el surgimiento de soluciones, y se encarga de eliminar toda imposibilidad, obstáculo, impedimento, negación, temor, problema o prejuicio.

En el tiempo en que vivimos, no tenemos excusas para no dejar volar nuestra creatividad. Existen tantos instrumentos que están a nuestra disposición a través de la Internet, que sencillamente no hacer uso de ellos es prácticamente un pecado. Para el nacimiento de mi cuarta hija, quería hacerle algo especial que no hubiera hecho para las otras. Así que se me ocurrió hacerle unos zapatos tejidos. De niña, una de mis tías me había enseñado a tejer y sabía que con ese conocimiento básico podía hacer algo especial. Solamente tenía un problema: necesitaba un patrón a seguir. La solución fue tan sencilla como entrar a *YouTube* y buscar, entre cientos de alternativas, la que me pareció más fácil. En un día, ya tenía unos hermosos zapatos rojos para que Jillianne usara con algún hermoso vestido. El sentido de satisfacción de lograr algo tan sencillo es indescriptible. Fíjate que no utilicé mi creatividad para inventar un zapato. Más bien utilicé mi creatividad para buscar alternativas que me permitieran alcanzar esa meta.

Una mujer creativa se desarrolla a sí misma intelectual, emocional, física y espiritualmente. Intelectualmente, la mujer creativa procura constantemente adquirir nuevos conocimientos y capacitación que la mantengan actualizada. No podemos convertirnos en mujeres obsoletas. Sencillamente se me hace intolerable saber que existen mujeres que no procuran aprender nada nuevo, y viven vidas monótonas haciendo lo mismo una y otra vez. Siempre digo que cuando me retire del pastorado, quiero tomar todas las clases de cocina y manualidades que el tiempo me permita. No es que no lo haga ahora. Mi poco tiempo libre lo dedico a hacer prendas, tocados de cabeza para niñas, coser y tejer. También he tomado el tiempo de desarrollar esas destrezas en mis hijas. Pero me encantaría que llegara el momento en que pudiera dedicar largas horas a desarrollar ese arte sin interrupciones, un lujo que no puedo darme ahora como madre de cuatro niñas, pastora, esposa y empresaria. Pero eso no me detiene de invertir el poco tiempo libre que tengo en dejar correr mi creatividad en esa dirección.

Emocionalmente, la mujer creativa desarrolla sentimientos de calma y seguridad para reducir el temor y la incertidumbre. Ante situaciones difíciles en el ministerio, aparte de la oración, siempre tengo confianza de que Dios nos dará las ideas y los instrumentos para vencer cualquier enemigo. El Señor nos ha bendecido con uno de los edificios para asamblea de iglesia más grandes del Caribe. No creas que es sencillo el mantenimiento de semejante edificio. No te imaginas la creatividad que se requiere para trabajar con un edificio de semejante magnitud, a la vez que se maximizan los recursos y se ejerce buena mayordomía. Y sinceramente, cuando algo no funciona o está a punto de dejar de funcionar en los edificios, en nuestra vida nunca hay desesperación. Más bien permanecemos en calma, confiando en que Dios tiene todo el control y nos dará las soluciones necesarias.

Físicamente, la mujer creativa desarrolla su cuerpo para la resistencia, el cambio y los retos naturales. La mujer posee una resistencia en su cuerpo que el hombre no posee, por más fuerte que sea. Esto lo demostramos en nuestras largas horas de parto o cuando estamos en vela ante la enfermedad de alguno de nuestros hijos. El cuidado de nuestros cuerpos y nuestra salud nos permite estar preparadas físicamente para las demandas que muchas veces la creatividad impone sobre nosotros.

Y espiritualmente, la mujer creativa mantiene su relación con Dios intacta y como prioridad en todo momento. La mujer que sabe que Dios le ha hecho promesas, se encarga de mantener la relación que va a desatar el cumplimiento de cada una de esas promesas. Dios no se mueve por la creatividad de la mujer. Dios sólo responde a aquellas que se mantienen en fe. Pero Dios sí puede usar la creatividad que está en ti para no solamente mantenerte conectada al propósito, sino también desatarlo.

Creatividad para dar a luz

La creatividad siempre surge a consecuencia de un problema. Ese problema requiere análisis, comparación y reflexión para provocar la inspiración que nos mueve a tomar acción e implementar soluciones.

La creatividad requiere análisis y la capacidad de medir posibles escenarios para cada situación, al punto de poder recibir la respuesta y darle espacio a Dios para la manifestación de nuestro milagro. Desarrollar la creatividad va a traer gozo y disfrute en todas nuestras actividades. Nos sentimos sin límites para alcanzar nuestras metas y llevar a los nuestros a alcanzar sus propias metas y sueños.

Pero la creatividad no nos garantiza la ausencia de problemas y situaciones difíciles. La creatividad sí nos garantiza la búsqueda en lo más profundo de nuestro ser, para continuar retándonos a nosotras mismas y transformando nuestra vida paso a paso, hasta llegar al punto donde no hay marcha atrás. La partera de sueños es aquella cuya creatividad expande los límites de los que están dando a luz, y da lugar al nacimiento de propósito en sus vidas.

En su análisis de las situaciones, podrá ejercer comparaciones para que sirvan como marco de referencia. Lamentablemente, mucha gente rechaza las comparaciones porque sienten que las mismas pueden estar relacionadas con envidias. Sin embargo, las comparaciones también se encargan de ofrecernos un marco de referencia. Cuando comparamos racionalmente y con cordura, la comparación no se convierte solamente en una presión, sino en bendición.

Como ministros, vemos los logros de otros ministerios, y no podemos evitar hacer comparaciones entre un ministerio y otro. Sucede que nunca hemos sentido ni envidia ni malestar por los grandes logros de compañeros ministros. Todo lo contrario. En realidad nos gozamos con cada uno de ellos, y sus logros se convierten en un marco de referencia para nosotros. Los grandes logros de otros ministerios nos dejan saber lo que Dios sí puede hacer y que aún puede desatar cosas más grandes.

Finalmente, tenemos que abrir nuestra mente para reflexionar. La creatividad, aunque espontánea, no es algo que se utiliza a lo loco. El poder internalizar la inspiración requiere mucha consideración y contemplación. Es un proceso que no debe ajorarse, ni debe tomarse en poco el tiempo que invirtamos en decidir nuestras alternativas para poner a trabajar alguna de ellas.

Mujer, las posibilidades son infinitas. No hay problema que no tenga solución, más aún cuando internalices que Dios te ha dotado de capacidades ilimitadas. Extiende tus horizontes. Explora y practica el uso de tu creatividad, comenzando desde lo más pequeño y sencillo, hasta que tú misma te sorprendas de las ideas inimaginables que Dios va a depositar en tu interior para maximizar tu potencial.

Capítulo 6

Háblale a los sueños

Háblale a los sueños

Sifra no hacía el trabajo sola. Tenía una compañera que iba con ella a todos los partos e igualmente garantizaba el nacimiento de aquellos niños. Su compañera se llamaba Fúa. Al igual que Sifra, el nombre de Fúa nos revela su naturaleza. Fúa significa "don especial del habla".

Ciertamente, Faraón sabía lo que estaba haciendo. Sus intenciones eran claras. Cuando escogió a estas mujeres, buscó a una con la creatividad suficiente para que tuviera alternativas ilimitadas para cumplir aquel mandato, al lado de una que hablara con sabiduría ante cualquier situación. En los partos de las hebreas, había una Sifra de frente al nacimiento, viendo situaciones difíciles y buscando cómo resolverlas. Mientras tanto, había una Fúa hablando con un don especial para suavizar, impulsar y motivar.

La mujer partera de sueños tiene que hacer uso correcto de sus palabras. Una cosa es un pensamiento y otra muy diferente es la palabra hablada. Los pensamientos preceden a nuestras palabras. Filipenses 4:8 nos invita a tener los pensamientos correctos.

"Por lo demás, hermanos, todo lo que es verdadero, todo lo honesto, todo lo justo, todo lo puro, todo lo amable, todo lo que es de buen nombre; si hay virtud alguna, si algo digno de alabanza, en esto pensad."

El mundo está lleno de información negativa. Diariamente somos intoxicados con noticias negativas a través de los medios de comunicación. Vivimos en una época donde el acceso que tenemos a información es sencillamente absurdo, gracias a esa herramienta que se llama la Internet. Hoy más que nunca, se nos hace difícil mantener nuestros pensamientos en la perspectiva correcta. Prendemos la televisión y en treinta minutos de noticias inundan nuestros pensamientos con decenas de noticias negativas. Ha llegado al punto de que ya no hay respeto por los televidentes, y las imágenes que presentan son demasiado crudas. Las malas noticias, como por ejemplo, asesinatos, no dejan lugar a la imaginación. Más bien podemos verlos en vivo y a todo color. Y tiene que ser así porque la Internet representa una competencia muy fuerte para los otros medios de comunicación. Si no presentan las escenas gráficas, el televidente puede acceder la información a través de la Internet.

A comienzos del año 2011, de regreso a nuestro hogar luego del nacimiento de nuestra cuarta hija Jillianne, recuerdo haber visto en la televisión unas imágenes que me produjeron escalofríos durante varios días. El gobierno de Puerto Rico hizo entrega de regalos de Navidad a niños de familias en necesidad. Por causa de la crisis económica que atraviesa el mundo entero, la cantidad de familias que asistió al llamado fue mucho mayor del esperado. Fue tanta la gente que estaba en el lugar, que algunos niños que fueron con la ilusión de recibir regalos navideños estaban pillados entre la gente y asfixiándose de calor.

Pero la imagen que congeló mi espíritu literalmente fue la de una niña de pocos días de nacida, así como mi Jillianne, quien estaba en mis brazos mientras veía aquella noticia. Por causa del calor, la madre la levantó en sus brazos por encima de aquel tumulto de personas y comenzaron a pasarla de mano en mano para evitar que fuera aplastada entre la multitud. Probablemente usted se hace la misma pregunta que yo me hice en ese momento: ¿Qué hace una madre con una bebé tan pequeña fuera de su casa y en un lugar como ése? Me parecía imposible lo que mis ojos estaban viendo. Incluso comencé a llorar y le pedí a mi esposo que cambiara el canal de televisión. Fue algo de lo que todo el mundo habló en Puerto Rico por varios días. Estoy segura de que esas imágenes se pueden ver a través de la Internet, pero para mí fue más que suficiente verlas una sola vez.

Dios nos instruye a que guardemos nuestros pensamientos y procuremos alimentarlos con aquello que sea verdadero, honesto, puro, amable y de buen nombre, en lo cual haya virtud y alabanza. Cuán difícil se nos hace guardar nuestros pensamientos después de observar algo como lo que acabo de describir. Estamos expuestos a tantas mentiras, que es prácticamente imposible reconocer lo verdadero. Experimentamos tantas vivencias que rayan en lo antiético, que mantenerse honesto es un gran reto. La pureza ha perdido su valor. La hostilidad es parte de nuestro diario vivir. Peor aún, ni los políticos, personas en autoridad, ni los mismos ministros gozan de un buen nombre. Ciertamente Filipenses 4:8 impone en nosotros un mandato que hoy más que nunca es difícil acatar.

No es que sea una persona negativa. En realidad es todo lo contrario, me considero una persona muy positiva. Sin embargo, el positivismo no puede enajenarnos de la realidad en que vivimos. El exceso de información y la facilidad para inmortalizar esa información en la Internet nos expone a que esas memorias se conviertan en parte de nuestra vida y, gracias a la tecnología, para la eternidad.

Lo único que conozco que sea verdadero, honesto, puro, amable y de buen nombre, en el cual haya virtud y alabanza es la Palabra de Dios. No podemos llenar nuestra mente de porquería, y luego pretender tener pensamientos positivos y que provengan de Dios. Cuando ingerimos comida chatarra, nuestros cuerpos se encargan de eliminar lo que nuestro sistema le permite. La parte que retenemos trae consecuencias que afectan nuestra calidad de vida. La obesidad, la diabetes, la alta presión, son algunos ejemplos de condiciones con las que viven muchos, y cuyo origen está estrictamente ligado a la mala alimentación. Estas condiciones pueden hasta costarnos la vida.

Así mismo sucede con nuestra mente. Llenar nuestra mente de pensamientos negativos, imágenes alarmantes y enfermizas no quedará sin consecuencias. Muchas veces esas imágenes aparecen en nuestro sueño, afectando nuestro descanso. Otras veces, esas imágenes nos hacen pensar que nuestras familias o seres queridos pueden experimentarlas. Quizás te dices a ti misma que son muy pocas las veces que tienes pensamientos negativos. Sin embargo, poco a poco estos pensamientos pueden ir apoderándose de tu ser, hasta el punto que se convierten en la mayoría de tus pensamientos.

Por otro lado, los pensamientos negativos no necesariamente tienen que dominar nuestra vida para producir consecuencias lamentables. Estudios científicos demuestran que albergar pensamientos negativos, aún por un corto espacio de tiempo de un minuto, produce cambios en el cerebro y en la constitución hormonal. Esto expone y afecta el sistema inmunológico. Los pensamientos negativos pueden provocar agotamiento emocional, depresión e infelicidad. Cuando albergamos pensamientos negativos, ellos nos impiden experimentar alegría, energía, entusiasmo e ilusión.

¿Quién quiere estar al lado de alguien que solamente puede ver el aspecto negativo de cualquier situación? Tú puedes pensar que es una exageración decir que alguien puede ver solamente lo negativo en una situación, pero es la realidad. Estoy segura de que conoces a alguien que es así. Si vamos a la playa, ésa es la persona que no toca el agua porque conoce muchas personas que se han ahogado en la misma playa. Si compartimos la buena noticia de que nos han dado un ascenso en nuestro empleo con un mejor salario, esa persona negativa nos informa que puede ser que nuestra compañía esté cerrando y está promoviendo a otros para eliminar a los gerenciales. Si acabamos de recibir los resultados de nuestros exámenes médicos anuales y estamos celebrando que todo está bien, ésa es la persona que nos explica que leyó en un libro que las máquinas de muchos laboratorios no funcionan bien.

Lamentablemente, muchas veces no nos damos cuenta cuando somos nosotros esa persona negativa. Por eso, tenemos que sacar el tiempo para analizar cada uno de nuestros pensamientos. Una forma de hacerlo es tomar un día y anotar todo pensamiento que viene a nuestra mente. Al final de la jornada, podrás identificar todos esos pensamientos: cuáles fueron positivos y cuáles fueron negativos. El resultado te puede sorprender.

Al estar consciente de la presencia de esos pensamientos negativos en tu vida, todo lo que tienes que hacer es comenzar a sustituirlos con la Palabra de Dios. Para cada pensamiento negativo que viene a tu vida, hay escrituras que lo neutralizan y te proveen un nuevo pensamiento.

Si estás enferma, recuerda lo que dice Isaías 53:5:

> *"Mas él herido fue por nuestras rebeliones, molido por nuestros pecados; el castigo de nuestra paz fue sobre él, y por su llaga fuimos nosotros curados".*

Si estás poniéndote de acuerdo por la sanidad de algún enfermo, recuerda lo que dice Marcos 16:18:

> *"…sobre los enfermos pondrán sus manos, y sanarán".*

Ante un gran problema delante de ti, puedes confesar Marcos 11:23:

> *"Porque de cierto os digo que cualquiera que dijere a este monte: Quítate y échate en el mar, y no dudare en su corazón, sino creyere que será hecho lo que dice, lo que diga le será hecho".*

También puedes confesar lo que dice la Palabra en el Salmo 121:1-2:

> *"Alzaré mis ojos a los montes; ¿De dónde vendrá mi socorro?*
> *Mi socorro viene de Jehová, que hizo los cielos y la tierra".*

Si estás enfrentando problemas económicos, puedes confesar Filipenses 4:19:

> *"Mi Dios, pues, suplirá todo lo que os falta conforme a sus riquezas en gloria en Cristo Jesús".*

Ante situaciones económicas difíciles, tampoco puedes olvidar lo que dice la Palabra en 3 Juan 2:

> *"Amado, yo deseo que tú seas prosperado en todas las cosas, y que tengas salud, así como prospera tu alma".*

Ante incertidumbre en cuanto a la salvación de tu familia, puedes meditar en Hechos 16:31:

*"Cree en el Señor Jesucristo, y serás salvo, tú y
tu casa".*

Cuando te encuentres desanimada, recuerda Juan 16:33:

*"Estas cosas os he hablado para que en mí tengáis
paz. En el mundo tendréis aflicción; pero confiad,
yo he vencido al mundo".*

¿Ves? La Palabra de Dios tiene escrituras que pueden sustituir cualquier pensamiento negativo. Constantemente, el aprendizaje y la meditación de la Palabra de Dios son necesarios en nuestra vida. La Palabra de Dios es la que salva nuestra mente. En tu vida no puede escasear el alimento espiritual. Eso es lo que nos invita a hacer Josué 1:8:

*"Nunca se apartará de tu boca este libro de la ley,
sino que de día y de noche meditarás en él, para
que guardes y hagas conforme a todo lo que en
él está escrito; porque entonces harás prosperar
tu camino, y todo te saldrá bien".*

Yo estoy segura de que cuando llamaban a Fúa a un hogar donde una mujer estaba a punto de dar a luz, Sifra procuraba, por medio de su creatividad, sobrellevar cualquier circunstancia inesperada. Mientras tanto, Fúa se encargaba de exponer los pensamientos correctos, por medio de sus palabras, a la mujer que estaba en el lecho con dolores de parto. Sus sabias y ungidas palabras, de seguro se encargaban de poner en orden aquella situación.

Fúa seguro debía tener objetivos específicos para con sus palabras. Iba con su mente concentrada en lo que habría de decir a cada mujer para acelerar el proceso del parto, minimizar el dolor y cumplir con la misión que tenía de facilitar cada parto.

Las palabras provocan imágenes en nuestra mente. La falta de palabras correctas provoca la ausencia de imágenes correctas. Una mujer que se encuentra pariendo necesita las imágenes correctas para concentrarse en la ardua labor que está realizando. El momento de parir requiere el cien por ciento de nuestra atención. Tener las imágenes incorrectas puede retrasar el proceso del parto.

Doy gracias a Dios que en todos mis partos, Otoniel ha estado a mi lado. Sus palabras han sido vitales para ayudarme a concentrarme única y exclusivamente en lo que está sucediendo en esa sala de hospital. Tener a alguien a tu lado que insiste con palabras como: "Todo va muy bien"; "Lo estás haciendo súper"; "Vamos, no te rindas, voy a ti"; es una experiencia que debe tener toda mujer que va a dar a luz.

Imagínate si en lugar de tener a alguien motivándote, tuvieras a alguien a tu lado diciendo: "Wao, eso se ve difícil"; "¿Estás segura de que puedes hacerlo?"; "Yo no quisiera estar en tus zapatos ahora". Palabras negativas e inoportunas como ésta retrasarían el proceso.

No es solamente en un parto natural donde necesitamos esas palabras que nos motiven y nos llenen de ánimo. Necesitamos esas palabras todos los días de nuestra vida ante toda situación.

Cuando tenemos esas palabras correctas en nuestra vida, nuestra atención se dirige hacia aquello que esperamos alcanzar. Quizás el proceso que estamos pasando está lleno de dolor, pero el mismo es minimizado por esas palabras de aliento que guían nuestro enfoque en la dirección correcta. Entiendo que ésta es la razón por la cual muchas mujeres dicen que ni recuerdan los dolores de parto. Una vez ese bebé está en nuestros brazos, es tan grande la satisfacción y hay tantas cosas que agradecer, que sencillamente el dolor pasa al olvido.

Las palabras correctas nos llevan a la actitud y al enfoque correctos. Nuestro proceso de dolor e incertidumbre se facilita con estos ingredientes. Proverbios 18:20-21 nos dice lo siguiente:

"Del fruto de la boca del hombre se llenará su vientre; Se saciará del producto de sus labios. La muerte y la vida están en poder de la lengua, Y el que la ama comerá de sus frutos".

La partera de sueños tiene que estar llena de los pensamientos correctos que se producen por medio de las palabras correctas. Es como una cadena que nunca debe detenerse.

Mientras hablamos lo positivo, lo prudente y acertado, nuestra mente se alimentará de esas palabras, y por consecuencia continuarán saliendo de nuestra boca las palabras correctas.

Pero si nos descuidamos por tan sólo un momento y damos lugar a un pensamiento negativo, ese pensamiento va a atraer acciones negativas a nuestra vida. La partera de sueños no puede pensar en derrota, ni en problemas, ni en muerte.

Recuerdo en una ocasión que estaba muy cansada. Había experimentado unas semanas de mucho, mucho trabajo. Otoniel estaba en un taller, arreglando uno de nuestros autos, y yo iba de camino a recogerlo. Nos acababan de informar que nuestro auto se tomaría varios días en el mecánico. Por alguna razón, se me ocurrió ponerme a pensar en qué difícil sería para nosotros si algo le pasara al otro auto. Como dije anteriormente, yo soy una de las personas más positivas que conozco. Al día de hoy no entiendo por qué ese pensamiento vio la luz en mi mente. En fin, ni diez minutos más tarde, un auto había impactado el mío en un semáforo y para colmo, el conductor huyó.

Imagínese usted qué situación tan difícil. Otra persona diría: "Yo lo sabía, yo sabía que algo iba a pasar", probablemente con cierto sentido de satisfacción, pensando que quizás tiene algún don profético para predecir el futuro. Pero la verdad es que conociendo el poder de un pensamiento, tengo que decir que yo misma produje ese resultado al albergar en mi mente un pensamiento negativo.

Luego de esa experiencia, cada vez que viene a mi mente un pensamiento de accidente cuando estoy conduciendo, acostumbro a decir en voz alta las siguientes palabras: "Yo ato y paralizo todo pensamiento de accidente en el nombre de Jesús". He sido tan insistente en esa frase que en una ocasión tuve que esquivar un auto que me iba a impactar, y mi hija Joanirie, quien tendría unos cuatro años, me dijo: "Mamá, di la cosa ésa que tú dices". Yo no entendía lo que ella quería decir. Y ella me dijo: "Lo que tú atas y paralizas". No se imagina usted la satisfacción que sentí cuando me di cuenta de que en mi hija ya está sembrada la buena semilla de la confesión de la Palabra para erradicar los pensamientos negativos.

La partera de sueños tiene que pensar en victoria, en soluciones y en vida. Una partera tiene delante de sí misma tan sólo dos posibilidades. En un parto se manifiesta la vida o se manifiesta la muerte. La partera de sueños que hace el uso correcto de sus palabras trae vida, pero la que hace uso incorrecto de sus palabras, se convierte en una aniquiladora y provoca la muerte.

Yo pienso que Fúa podía ver en la cara de Sifra si todo estaba bien o si tenían un reto ante ellas. Se dedicaba a susurrar las palabras correctas al oído de aquellas mujeres con dolor de parto, gritando en sus lechos, sin medicinas, quizás hasta sin conocimiento de lo que estaba sucediendo. Con su sabiduría y sus palabras, lograba reenfocar a aquellas mujeres de manera tal, que ni se dieran cuenta de que algo negativo podía estar sucediendo. Fúa era quien miraba a los ojos de aquellas mujeres y les decía que todo iba a estar bien, que resistieran el dolor, que pujaran hasta que saliera la criatura. ¡Qué labor tan admirable y tan llena de tensión!

Mientras tus ojos físicos ven la situación real, tienes que hablar lo que tu espíritu está esperando. Esto solamente puede suceder cuando entendemos el poder que hay en nuestras palabras. Y ése era el don de Fúa: hablar palabras de vida a aquellas mujeres, para que esa vida se manifestara en las criaturas que estaban por nacer.

Las palabras de vida que tenemos que decretar tienen que ir de acuerdo a la Palabra de Dios y no a las situaciones. No pierdas el tiempo hablando lo que dicen las noticias. Comienza a hablar la Palabra. La Palabra de Dios habla de salud y no de enfermedad, de prosperidad y no de escasez, de restauración y no de destrucción. No malgastes tus palabras en tus fracasos del pasado. Inviértelas en hablar de tus futuros aciertos y logros. Tu pasado no se puede cambiar. Tu futuro, en cambio, está en tus manos hoy. No hay nada malo con recordar momentos del pasado, felices o tristes. Pero definitivamente no podemos vivir una vida concentrados en nuestro pasado. Muy bien dice la Palabra en Eclesiastés 7:10:

> *"Nunca digas: ¿Cuál es la causa de que los tiempos pasados fueron mejores que estos? Porque nunca de esto preguntarás con sabiduría".*

Por mejores experiencias que hayas tenido en el pasado, ni los logros que hayas alcanzado, es de ignorantes pensar que el pasado es mejor que el futuro. Tu futuro siempre, siempre, siempre, es mejor que tu pasado.

Permíteme por un momento retar un poco más tu teología y sugerirte que Fúa no tan sólo hablaba a esas mujeres. Yo creo con todo mi corazón que Fúa le hablaba también a los niños mientras estaban en el vientre de sus madres, durante el proceso de su nacimiento. Fúa le decía a aquellos niños: "¡Vivirás y no morirás!".

¡Cuán importantes son para un equipo esas palabras de ánimo, vida y motivación del entrenador! Los grandes juegos en el deporte siempre comienzan con el entrenador, ofreciendo esas palabras de aliento que van a hacer a cada jugador concentrarse para alcanzar la meta de ganar. Seguro todas hemos visto cientos de películas donde se presta mucho énfasis al discurso del entrenador antes del juego clave. Luego durante el juego, esos entrenadores están alertas a cada movimiento, para dar las instrucciones correctas. Desde donde ven, tienen la perspectiva completa y observan todo lo que el jugador no puede ver. Por eso esas palabras son tan importantes. Muchas veces vienen acompañadas de una perspectiva que desde nuestro punto de vista no podemos apreciar ni entender.

Estoy segura que en sus palabras Fúa incluía instrucciones para aquellas mujeres; eran instrucciones inteligentes producto de la experiencia, el estudio y el análisis. Fúa podía ver lo que aquellas mujeres no estaban viendo porque ambas tenían una posición diferente. Mientras la mujer que estaba pariendo estaba acostada, incómoda y no podía ver lo que estaba sucediendo, Fúa estaba de pie viendo claramente el progreso del parto. La perspectiva correcta nos permite hacer uso de las palabras correctas y entender que en ellas podemos reflejar todas las buenas posibilidades que están delante de nosotros.

Para dar instrucciones en tiempos de crisis, hay que tener un don especial para saber decir esas instrucciones. La Palabra dice en Proverbios 15:1:

"La blanda respuesta quita la ira;
Mas la palabra áspera hace subir el furor".

Fúa conocía cómo dar una instrucción para que se produjera paz, y aquellas mujeres pudieran concentrarse y hacer lo que tenían que hacer. De la misma forma, tenemos que conocer las palabras que las personas asignadas a nuestra vida van a necesitar, y saber cómo decirlas para que les traigan paz y se pueda manifestar el propósito. Es muy parecido a las instrucciones que nos da el famoso GPS (Sistema de Posicionamiento Global), esos aditamentos que ahora tenemos en nuestros autos. Los GPS identifican tu localización presente y cuando ingresas la dirección hacia donde vas, comienza a decirte las instrucciones, generalmente con la voz de una mujer. Quizás no puedes ver tu destino inmediatamente, pero esa voz va diciendo: "A la derecha", "A la izquierda", y confiamos en que seguir esas instrucciones nos va a llevar a nuestro destino. Es tu responsabilidad seguirlas correctamente.

Si has tenido la oportunidad de usar el GPS, sabes que aunque te pierdas, dobles en la calle incorrecta, pases la salida que te corresponde, la voz que da las instrucciones no grita, no se desespera. Simplemente la máquina se encarga de crear una ruta alterna y darte nuevas instrucciones. Aunque te pongas nervioso y quizás el copiloto en el auto te grite, el GPS nunca te va a gritar. Se hace una nueva ruta y comenzamos de nuevo. Y una de las cosas que más me gusta del GPS es que si no lo apagas o no le ingresas la instrucción de que ya no irás al destino programado, no importa dónde dobles o a dónde te dirijas, la máquina seguirá cambiando la ruta y dándote instrucciones para llegar al mismo sitio que programaste originalmente. Me encanta cuando al final del camino, esa voz femenina del GPS dice: "*You have arrived at your destination*" (Ya llegaste a tu destino).

Así debe ser una partera de sueños. Hay un destino y un propósito. La partera sigue hablando calmada para guiar a la persona asignada hasta llegar a su destino y cumplir su propósito. Si hay que cambiar la ruta mil veces, mil veces se cambia, pero al final de ese camino habremos llegado.

Todo el que tenga un sueño, en el momento más difícil necesita una Fúa que le hable vida, que con sus palabras calme cada situación y le ayude a enfocarse. La Palabra de Dios que ha sido depositada en tu vida es para que la hables a tu familia, a tus amistades y a tu iglesia. Es para que lo hagas a favor de la manifestación de los sueños de éstos. Igualmente, Dios te va a dar instrucciones para cada uno de ellos, para acercarlos a la manifestación de su destino. Los asignados a tu vida te necesitan, pero te necesitan hablando las palabras correctas. De ti deben salir palabras de vida que produzcan la manifestación de sueños, destino y propósito.

Capítulo 7

Acepta ser partera de los sueños de Dios

Acepta ser partera de los sueños de Dios

E n el mismo tiempo de las parteras de Éxodo 1, vemos la historia de una mujer de quien no tenemos muchos detalles. Su nombre se menciona solamente dos veces en la Biblia. Sin embargo, su ejemplo sirve de motivación para todas las mujeres.

Éxodo 2:1-10 nos dice:

"Un varón de la familia de Leví fue y tomó por mujer a una hija de Leví, la que concibió, y dio a luz un hijo; y viéndole que era hermoso, le tuvo escondido tres meses. Pero no pudiendo ocultarle más tiempo, tomó una arquilla de juncos y la calafateó con asfalto y brea, y colocó en ella al niño y lo puso en un carrizal a la orilla del río. Y una hermana suya se puso a lo lejos, para ver lo que le acontecería. Y la hija de Faraón descendió a lavarse al río, y paseándose sus doncellas por la ribera del río, vio ella la arquilla en el carrizal, y envió una criada suya a que la tomase. Y cuando la abrió, vio al niño; y he aquí que el niño lloraba.

Y teniendo compasión de él, dijo: De los niños de los hebreos es éste. Entonces su hermana dijo a la hija de Faraón: ¿Iré a llamarte una nodriza de las hebreas, para que te críe este niño? Y la hija de Faraón respondió: Ve. Entonces fue la doncella, y llamó a la madre del niño, a la cual dijo la hija de Faraón: Lleva a este niño y críamelo, y yo te lo pagaré. Y la mujer tomó al niño y lo crió. Y cuando el niño creció, ella lo trajo a la hija de Faraón, la cual lo prohijó, y le puso por nombre Moisés, diciendo: Porque de las aguas lo saqué".

Esta madre que vemos aquí se llama Jocabed. Su hijo se convirtió en un gran caudillo, cuya vida estuvo rodeada de milagros y prodigios. Como vemos en la historia, disfrutó del beneficio de ser criado en la corte de Faraón con acceso a la mejor educación, en abundancia y con recursos ilimitados. En más de una ocasión, lo vemos hablar directamente con Dios. En su caminar con Dios, Moisés recibió revelaciones únicas y poderosas como lo fueron las tablas de la ley y la revelación del "Gran Yo Soy".

En esos encuentros divinos que Moisés tuvo, le fue encomendada la tarea de liberar a los israelitas de aquella esclavitud. Fue una tarea muy difícil, pero no imposible. Ante la terquedad de Faraón, vemos a un Moisés insistir una y otra vez en el cumplimiento del plan de Dios. Desde el capítulo siete al catorce de Éxodo, vemos a Moisés trabajar con el pueblo y con Faraón, hasta que la última de diez plagas finalmente alcanzó la tan esperada libertad de aquel pueblo que por cuatrocientos años había estado atado. Más bien al pueblo egipcio le urgía que los hebreos salieran de en medio de ellos.

Quizás el trabajo de Moisés para con Faraón terminó una vez cruzaron el Mar Rojo en Éxodo 14, cuando milagrosamente Dios dividió aquellas aguas. Una vez el pueblo hebreo estaba a salvo, las aguas se volvieron a juntar, ahogando a los egipcios. Pero la labor de Moisés con el pueblo no había concluido. La esclavitud física de este pueblo había terminado, pero su libertad emocional y espiritual no se había manifestado. Eso hizo que Moisés tuviera que trabajar constantemente con el pueblo. Y aunque dirigía a un pueblo que continuamente presentaba su deslealtad a Dios, Moisés supo poner a Dios por encima de aquel pueblo y cumplir con su misión de liberarlos de la esclavitud que Faraón y Egipto ejercían sobre ellos.

El nombre de Jocabed, la madre de Moisés, significa: "Jehová es su gloria". Ciertamente la vida de la madre de Moisés estaba llena de la gloria de Dios. No sabemos mucho de ella. No conocemos su apariencia. De su familia conocemos que era hija de Leví y que era hermana de Gersón, Coat y Merari (Éxodo 6:16). Su esposo Amram, el padre de Moisés, era el hijo de Coat. Así que sus hijos Aarón, María y Moisés eran nietos y bisnietos de Leví. El sacerdocio corría por las venas de sus hijos. De ella solamente sabemos que vivía bajo una de las circunstancias más difíciles que podía vivir una mujer embarazada. Al igual que las parteras, Jocabed vivía en un tiempo donde el pueblo hebreo estaba esclavizado. Tanto Jocabed, como su familia, eran esclavos y vivían bajo el cruel y atroz régimen de Faraón. Era un tiempo de tensión, miedo, escasez, pobreza, arduo trabajo y muerte. Jocabed había nacido bajo esclavitud y no conocía otro estilo de vida que no fuera ése.

Había un mandato que hacía que la noticia de estar esperando un bebé en ese tiempo no fuera grata. En realidad, era motivo de tensión estar en gestación en ese tiempo.

Éxodo 1:22 nos dice el mandato de Faraón:

"Entonces Faraón mandó a todo su pueblo, diciendo: Echad al río a todo hijo que nazca, y a toda hija preservad la vida".

Al no haber sonogramas como tenemos hoy día, imagina la incertidumbre en la que vivían Jocabed y toda mujer que estuviera embarazada en ese tiempo. De seguro constantemente pensaban en el sexo de su bebé. Si era niña podía vivir. Sin embargo, si nacía varón había un dictamen de muerte sobre la vida de su retoño. Según la ordenanza de Faraón, Jocabed tendría que tirar al río a su bebé, si nacía varón.

La esencia de la mujer hebrea se manifiesta a través de su maternidad. El traer una vida al mundo es la base de la estructura del pueblo judío. En ese tiempo, los maridos eran consumidos por el trabajo. La intención era que el sufrimiento y la carencia de recursos en la que vivían quitaran de ellos el deseo de estar con sus mujeres. Sin embargo, las mujeres hebreas seguían pariendo y multiplicándose, como en el caso de Jocabed, quien esperaba a su tercer hijo. Las mujeres hebreas tenían un gran potencial de vida. Eran fuertes para parir. Seguro que muchas de ellas no perdían la esperanza. Tenían su confianza puesta en un futuro mejor. Quizás las circunstancias que vivían eran difíciles en gran manera, pero el crecimiento de sus familias estaba en su naturaleza. Al reproducirse, multiplicarse y dar a luz, ellas fortalecían al pueblo judío.

En la naturaleza del mundo, Dios depositó la facultad de multiplicarse. Una célula, las plantas, los animales, todo ser viviente se reproduce. La bendición de Dios en el Génesis era para la fructificación y la reproducción. Para las mujeres hebreas, el mandato de reproducción de Dios era más fuerte que el temor que podía generar el mandato de Faraón. Era ese anhelo innato de cumplir con el deseo de Dios de sostener al mundo, lo que iba por encima del temor y dotaba a la mujer hebrea de una esencia que la hacía fuerte para soportar los dolores de parto y dar a luz.

Hoy conocemos la importancia de que una mujer embarazada esté en paz y tranquilidad durante sus cuarenta semanas de gestación. El estrés que experimenta una mujer embarazada afecta grandemente al feto. Ya sabemos que desde el momento divino de la concepción, el cerebro de ese feto está conectado con su medio ambiente. Nuestro desarrollo como seres humanos está determinado por los genes con los que nacemos, al igual que las experiencias que vivimos. Esas experiencias no son solamente aquellas después del parto. La vida en el útero también influye.

Nueve meses pueden parecer una prolongada espera para darle la bienvenida a un bebé, cuando durante esos nueve meses hay arduo trabajo, incertidumbre y angustia. Durante esos nueve meses de embarazo, hay muchas ocupaciones en la mente de la mujer con respecto a ese embarazo. Primero, existe el deseo de que el cuerpo acepte el embarazo y conciba. Durante el tiempo de gestación, se manifiesta la incertidumbre de conocer si se ha producido alguna malformación. Durante el embarazo también, la mujer se ocupa de que no haya un aborto. Finalmente, ya en lo últimos momentos de este tiempo de gestación, la más grande ocupación es que no haya complicaciones de parto.

Durante el tiempo del embarazo, toda mujer experimenta cambios en su cuerpo. Experimenta muchas emociones, algunas en parte producidas por sus hormonas, otras por los ajustes físicos y emocionales que tiene que hacer durante su tiempo de gestación. La mujer puede sentir esos cambios hormonales. Pero esos no son los únicos cambios que experimenta. Durante el embarazo se experimentan cambios respiratorios, en la circulación, en el metabolismo, a la vez que se desarrollan cambios físicos que todos conocemos y podemos ver. Producto de todos estos cambios son las famosas molestias típicas del embarazo como los mareos, náuseas, cansancio, calambres, aumento de peso, dolores en la espalda, entre otros. La mujer tiene que lograr adaptarse a esos cambios para proveerles a sus hijos un ambiente óptimo durante el tiempo de gestación.

Pero para estas mujeres hebreas, había mucho más en qué ocupar sus mentes durante este tiempo. Me refiero al sexo de su bebé. Lo que se requería de estas mujeres, si nacía varón, iba por encima de todo el sacrificio, el dolor y las exigencias que sufre el cuerpo de la mujer durante las cuarenta semanas de gestación. Si era varón, esa madre no le vería crecer y desarrollarse. Si era varón, esa madre nunca escucharía de sus labios la palabra "mamá". Si era varón, esa madre no le cuidaría cuando estuviera enfermo, no le prepararía sus alimentos, no lo llevaría a la escuela. Si era varón, tenía que resignarse a verlo morir.

Hebreos 11:23 nos establece lo siguiente:

"Por la fe Moisés, cuando nació, fue escondido por sus padres por tres meses, porque le vieron niño hermoso, y no temieron el decreto del rey".

Una relación estable con los padres produce en los niños una integración más productiva de aptitudes, capacidad y disposición, lo cual se transforma en un mejor desempeño emocional y cognoscitivo para ese niño. Esa relación con la madre comienza desde el vientre, cuyo proceso evolutivo es de suma importancia. El aprendizaje de un niño comienza con esas sensaciones que recibe el feto en el vientre. El sentido del yo también se genera en el feto desde el útero.

Cuando Jocabed y Amram vieron "hermoso" a Moisés, sabemos que no se refiere tan sólo a la belleza que caracteriza a un bebé. La palabra "hermoso" en el original significa "propósito". Aquella madre quizás no tenía claramente definido todo lo que Dios iba a hacer con y a través de ese niño, pero su interior le decía que había algo especial en él. Jocabed había hecho una conexión prenatal con su hijo, que otras madres de ese tiempo no habían alcanzado. Otras madres de seguro se resignaron a la pérdida de sus hijos, aún desde antes de pasar el dolor de darlos a luz. Desde el vientre, Jocabed sabía que su hijo era especial y cuando lo vio al nacer, confirmó lo que sentía cuando estaba embarazada.

Esta conexión madre e hijo, no le permitió a Jocabed hacer lo que todas las otras madres hicieron con sus hijos. Otras madres de ese tiempo sufrieron el dolor de consentir a la muerte de sus hijos, que de seguro supera el dolor de parto. Quizás algunos hijos les fueron quitados de los brazos a sus madres antes de que ellas pudieran ver su rostro y hasta darles su primer beso. Todo el tiempo de gestación tiene que haber sido de mucha tensión para estas mujeres. Tiene que haber sido tiempo de lamentación y llanto.

Pero Jocabed fue diferente. En medio de esas condiciones tan negativas, pudo hacer que su maternidad diera un paso más en el plan de Dios para aquel pueblo oprimido. Tanto fue así, que valientemente se levantó por encima de las circunstancias y decidió preservar la vida del que sabía a ciencia cierta que tenía propósito. Cuando ya no pudo esconderle más, decidió ponerlo en las aguas creyendo en que el

Jehová que era su gloria, como lo establecía la naturaleza de su nombre, se encargaría de preservar aquel propósito.

Cuando Jocabed dio a luz a su hijo Moisés, todavía estaba en efecto el decreto de darle muerte a los hijos varones que nacieran. Pero Jocabed no quiso consentir en tan cruel mandato y decidió esconder a su hijo.

De seguro que el espíritu de Sifra estuvo operando en Jocabed durante todo ese tiempo. No puedo ni imaginar cuánta creatividad tiene que haber usado Jocabed para esconder a aquel niño.

Mientras otras madres consintieron con Faraón, Jocabed dijo: "No, el mío no morirá". Y puso su vida y la de su familia en juego para salvar a aquel niño. Por tres meses ejerció esta ardua tarea sin ser descubierta. Si las cuarenta semanas de gestación a veces se nos hacen una eternidad a las madres, me imagino que estos tres meses habrán sido eternos para Jocabed, por causa de la tensión que estaba viviendo. Los días serían eternos y las noches tal pareciera que no tuvieran fin.

¿Cómo lo hizo? ¿Cómo pudo alimentarlo sin que nadie la descubriera? ¿Cómo pudo cuidar de él, jugar, cargarlo sin que nadie la viera? ¿Dónde lo escondió durante este tiempo? Quizás no tenemos la respuesta a ninguna de estas preguntas, ya que el relato bíblico no nos da detalles al respecto, pero no me cabe la menor duda de que Jocabed era una mujer inteligente que pudo manejar la presión de cuarenta semanas de gestación y noventa días de esconder a su hijo para protegerlo de la muerte. Un año completo de tensión, miedo, muerte. Durante todo este tiempo, Jocabed no tenía en quién confiar. Fue un año completo en el que Jocabed no tuvo descanso.

A los tres meses de nacido Moisés, no pudo más. El niño había crecido. Jocabed había logrado lo que ninguna otra madre había logrado. Durante tres meses le alimentó y lo tuvo en sus brazos. Esa dicha y felicidad no la había logrado sentir ninguna de las otras madres de hijos varones de ese tiempo. Si la única recompensa de ese tiempo de sacrificio era tenerlo consigo por tan sólo esos tres meses, de seguro que para Jocabed sería suficiente. Era mucho más de lo que las otras madres habían alcanzado.

Cuando ya no pudo esconderle, Jocabed decidió entregar a su hijo en las manos de Dios. Tomó una arquilla y la preparó de tal forma como para que ese niño no se ahogara. Jocabed no puso a su hijo en el río para matarlo, como habían hecho todas las otras madres de aquel tiempo. Ella se aseguró de ponerlo de manera tal que él pudiera vivir. No creo que Jocabed haya planificado que la hija de Faraón encontrara a aquel niño en el río, pero era imposible que Jocabed no supiera en qué dirección fluían aquellas aguas. De seguro ella sabía que pasarían por el palacio de Faraón.

Una jovencita fue testigo de todo lo que estaba sucediendo; era la propia hermana de Moisés. Muy posiblemente, ella vio a su madre Jocabed poner a su hijo en las aguas y despedirse de él. Ese momento tiene que haber sido muy angustioso. Jocabed tiene que haber besado a aquel niño más de mil veces. Tiene que haberle hablado las palabras más dolorosas que jamás pensó pronunciar. Toda la tensión que durante un año completo esta mujer pudo manejar y controlar, tiene que haberse desbordado allí en aquella desgarradora escena. Por nueve meses había soportado un embarazo bajo mucha angustia. Por tres meses había arriesgado su vida por aquel niño. Ahora le tocaba despedirse de él, pensando que jamás lo volvería a ver.

Despedir un hijo sin esperanza de volver a verlo, debe ser una de las peores experiencias para cualquier madre. Tal vez Jocabed pensó que si su hijo sobrevivía a aquel río y ella volvía a verlo, el tiempo no sería su aliado y quizás no lograría reconocerle. ¡Tantos pensamientos tienen que haber cruzado la mente de Jocabed al depositar aquella arquilla en las aguas! Al verlo alejarse por causa de la corriente, Jocabed tuvo que haber sentido que así mismo se le iba su vida. Al ya no poder ver más la arquilla en la distancia, Jocabed tiene que haber sentido como una daga clavada en su pecho.

Al regresar a su casa con sus ojos hinchados por causa del llanto, sin palabras de consuelo para amortiguar su dolor, Jocabed jamás pensó la gran sorpresa que la vida le tenía preparada. Aquella niña tiene que haber llegado donde su madre corriendo, con alegría de saber que su hermano estaba a salvo, y con la mejor noticia que jamás esperaba Jocabed recibir. ¿Cómo podía Jocabed rechazar aquella oportunidad? Ya no tenía que resignarse a llorar la pérdida de su hijo. Ella tenía un año completo de dolor, angustia y pena almacenados, pero ahora todo ese dolor fue sustituido por una alegría mayor. Jocabed pensó que ahora le tocaba vivir el luto que las otras madres habían vivido. Sin embargo, le tocó vivir la más grande alegría.

Esta jovencita llegó a su casa con muy buenas noticias. Primero, el niño estaba a salvo. Segundo, estaban buscando una nodriza para criarlo. Tercero, si Jocabed aceptaba, el trabajo sería para ella.

Cuando Jocabed tuvo a ese niño nuevamente delante de ella, tiene que haber quedado sin palabras. ¡Qué emoción tan grande tiene que haber sentido! Probablemente no pudo disimular delante de la hija de Faraón, y al tomarlo en sus brazos lo abrazó con la ternura y la alegría que sólo puede experimentar una madre que había pensado que había perdido a su hijo para siempre.

Pero la historia de la mujer cuyo Dios la había llenado de gloria, no terminaba ahí. No solamente tenía a su hijo nuevamente con ella, sino que ahora la hija de Faraón le estaba dando la oportunidad de criarlo.

Muchos piensan que la gran victoria de Jocabed era que ahora recibiría un salario por cuidar de su propio hijo. Ciertamente, éste fue un rumbo inesperado en esta historia. Pero para mí la verdadera victoria de Jocabed era que ahora ya no había amenaza de muerte para su hijo. Ahora su hijo estaba a salvo en la casa de Faraón y ella tenía acceso a él todos los días. Ya no había que esconderlo. Ya no era necesario taparlo. Ahora ese niño podía llorar y el mundo entero escuchar, y nadie podría ponerle encima una mano amenazante. Ésa era la verdadera victoria de Jocabed.

El proceso de la maternidad, desde la gestación, puede ser muy difícil para toda mujer. Sin embargo, hasta el día de hoy la humanidad no se ha extinguido. Todos sabemos que el proceso de gestación se ha comparado muchas veces con el proceso de concebir sueños y metas, el cual tampoco es un proceso fácil. Sin embargo, diariamente vemos historias de personas que han podido sobrellevar las circunstancias más difíciles y alcanzar su sueños.

El trabajo sobre esos hijos naturales o esos sueños espirituales no termina con las labores de parto. Ahora nos corresponde cuidar aquello que hemos dado a luz y protegerlo de los agentes que se van a levantar para aniquilarlos. Este trabajo es constante y críticamente vital para el desarrollo del mismo.

Pero luego de todo este proceso llega la parte más importante: soltarlo en las manos de Dios y permitir que sea Dios quien obre en ellos. Una vez está en las manos de Dios, Dios mismo se va a encargar de posicionarnos en relación con eso que hemos dado a luz.

Éste fue el proceso que tuvo que pasar Jocabed y es el proceso que pasa toda mujer cuando decide dar a luz, ya sea por sus hijos naturales o por cualquier asignación espiritual que Dios haya depositado sobre su vida.

Jocabed tuvo que cuidar aquello que llevaba por dentro mientras estuvo en el tiempo de gestación, al igual que una vez ya lo había dado a luz. De la misma manera, tú vas a tener que cuidar lo que hayas concebido dentro de ti.

Jocabed tuvo que esconder aquello que había concebido hasta que tuvo la madurez para soltarlo en las aguas y dejarlo en las manos de Dios. De esa misma forma, tú vas a tener que discernir el tiempo de madurez de tus hijos y tus sueños, pero el final será el mismo: depositarlos en las manos de Dios para que puedan alcanzar su máximo potencial y sean posicionados en el lugar divino para el que fueron creados.

No sé en qué etapa de este proceso te encuentras mientras haces lectura de este libro. Pero puedo decirte con certeza que Dios ha inspirado cada una de estas letras para que entiendas que lo que has cargado por mucho tiempo va a culminar en las manos de Dios para alcanzar todo tu potencial divino.

Pero este proceso que hemos explicado no es necesario entenderlo solamente para nuestro beneficio exclusivo, el de nuestros hijos y nuestros sueños. Como hemos explicado, la mujer fue creada para bendecir. Teniendo la experiencia de este proceso con cada maternidad, se nos hace más fácil que a cualquier otro entender cuando otros pasan por el mismo proceso.

Cada vez que veo a una mujer embarazada, puedo ver en sus ojos el momento que está pasando. Para gloria y honra de Dios, he pasado por el proceso de maternidad ya en cuatro ocasiones. Mis hijas son mi más grande tesoro y cada minuto de mi vida están presentes en todo lo que hago. Ninguna decisión se toma sin pensar en ellas primero. Es una gran responsabilidad. Como madre, cada una de ellas ha sido asignada a mi vida por Dios, no solamente para cumplir los roles tradicionales de una madre de alimentar, cuidar y educar. El rol de una madre va mucho más allá. La madre es una facilitadora del propósito de sus hijos.

En cada generación que pasa, el rol de una madre va trascendiendo, cada día con mayores responsabilidades y retos, siempre teniendo en cuenta la prioridad que representan los hijos para cada una de nosotras. Quizás ha cambiado la manera de implementar la educación, transmitir un buen sistema de valores y desarrollar a nuestros hijos. En el pasado, muchas veces estos objetivos se alcanzaban infundiendo miedo, chantaje y culpa en los hijos, para apoyar y modificar la conducta. Es posible que te hayan criado bajo esa perspectiva de la educación. Ésta no era del todo negativa. En esos tiempos, había una clara autoridad delegada a los padres y educadores, lo cual hoy día brilla por su ausencia. Hemos pasado de pocos derechos, mucha autoridad y responsabilidades, a muchos derechos, poca autoridad y nada de responsabilidades.

Tenemos que aprender a encontrar el balance en la educación, para que podamos verdaderamente desarrollar a nuestros hijos. Nuestra autoridad nunca puede ser sustituida por nada. Es nuestra obligación ante los ojos de Dios ser madres de nuestros hijos. Algunos padres se enfocan en querer ser "amigos" de sus hijos. Mi prioridad es ser su madre primero.

Hoy la educación está mayormente influenciada, no por el deseo y el compromiso de educar, sino más bien por evitar a toda costa la violación de los derechos de los niños.

No pretendo que volvamos a los tiempos de los reglazos, pellizcos, los castigos injustos y las humillaciones a las que muchos fuimos expuestos por causa de la falta de revelación en cuanto a los efectos de estas imposiciones en un niño. Pero nos hemos olvidado de las responsabilidades que tienen nuestros niños de aprender claramente unas líneas de autoridad y respeto, y sobre todo de entender que sobre todas las cosas, debemos cumplir con Dios.

Estoy segura de que en su rol de nodriza, Jocabed no olvidó que era la madre de Moisés, primero y ante todo. Cuando vemos la vida de Moisés, sabemos que tuvo grandes privilegios y acceso a los mejores recursos por causa de su posición al ser adoptado por la hija del Faraón. La historia de su vida nos muestra que Jocabed le enseñó quién era Dios, infundió en él sus raíces hebreas, y nunca le permitió olvidar su propósito. Jocabed no permitió que Moisés dejara a un lado sus responsabilidades por el simple hecho de que él no vivía como esclavo y no tenía los padecimientos que su pueblo había experimentado por siglos. Quizás a Moisés no le afectaba en su diario vivir, pero sobre sus hombros había una gran responsabilidad. Aunque no tenemos todos los detalles del día a día de Moisés en sus años de infancia, sabemos que de seguro su madre depositó en él todo el fundamento para que más adelante pudiera desarrollarse en él lo que se nos describe como "hermosura", pero que en realidad es "propósito".

Aunque hayas pasado momentos difíciles y en algún momento hayas sentido que tu vida no tiene significado o relevancia, recuerda que eres instrumento para hacer que se complete el propósito, destino y sueño de Dios en la vida de aquellos que están asignados a ti. No permitas que nada ni nadie se interponga en tu asignación divina de ayudar a otros a alcanzar sus metas. En la forma que así hagas, Dios traerá a tu vida sus propias parteras, quienes se encargarán, con su creatividad y palabras de sabiduría, de impulsarte hasta llegar a la meta del supremo llamamiento sobre tu vida.

Tu vida tiene mucho valor y es de gran importancia para tus familiares, amigos, seres queridos, comunidad e iglesia. Hay personas que están esperando por ti para manifestar su destino. Su destino literalmente reposa en la responsabilidad que Dios ha delegado sobre tu vida. No los hagas esperar. De ninguna forma puedes detenerte. Ahora que has recibido esta revelación, pon tu vida en orden y alinéate, para que el destino de Dios se cumpla en los tuyos y, por consiguiente, en ti.

Declaro la bendición de Dios sobre tu vida y te exhorto a seguir hacia adelante en el Señor. Hay un gran futuro de bendición, salud, restauración y prosperidad para ti y los tuyos.

Información de Contacto:

Iglesia Fuente de Agua Viva
Carolina, PR • 1 787-321-8888
Instagram: omayrafont
Facebook: PastoraOmayraFont
www.omayrafont.com

Sobre la autora

La pastora Omayra Font representa el prototipo de la ayuda idónea que el Señor creó. En 1994, aceptó el reto de fundar la Iglesia Fuente de Agua Viva en Orlando, Florida, junto a su esposo, el pastor Otoniel Font.

En el 2004 se trasladaron a Puerto Rico donde pastorean actualmente. Desde allí se convirtió en una predicadora internacional, participando en medios televisivos nacionales como Enlace, cuya programación se transmite mundialmente. Es la presentadora del programa "Omayra" que se transmite diariamente a través de NCN Televisión en Puerto Rico. Fundó el Ministerio New Millennium Women, que le ofrece a las mujeres oportunidades de desarrollo para enfrentar con sabiduría los retos de la vida.

Gracias a su pasión por la educación, es la fundadora y directora ejecutiva de la Fountain Christian Bilingual School en Carolina, Puerto Rico. Dicha escuela provee innovadores programas educativos para niños de todas las edades.

La pastora Omayra Font también disfruta a plenitud su rol de madre de sus cuatro hijas: Joanirie, Janaimar, Jenibelle y Jillianne. Reside en Puerto Rico junto a su familia.